安部徹也 著
松尾陽子 マンガ原作
柾 朱鷺 作画

マンガでやさしくわかる ブルー・オーシャン戦略

Blue Ocean Strategy

日本能率協会マネジメントセンター

はじめに

「ライバルとの競争が厳しくて、なかなか業績があがらない……」

そんな悩みを抱える方は、多いのではないでしょうか？

本書に登場する赤松出版も、そんな企業の中の一社です。雑誌を中心とした「本離れ」に端を発する出版不況の影響を受け、市場が縮小しているにもかかわらず、これまでの成功体験から抜けきれずに、新たなことにチャレンジすることを恐れ、業績はジリ貧となっています。

そんな旧来型の企業を立て直すべく奮闘するのが、本書の主人公である赤菜愛。ビジネススクールを卒業してすぐに赤松出版の新事業開発プロジェクトのリーダーに任命された愛は、会社の状況を分析して、すぐに不毛な競争に巻き込まれて苦戦していることを見抜きます。

まさにレッド・オーシャンの罠に陥り、血で血を洗うような激しい争いを続けるうちに、自ら破滅への道を歩んでいる赤松出版の姿は、業界こそ違うにせよ、読者のみなさんが置かれた状況と似通った部分があるかもしれません。

このようなライバルとの激しい競争に苦しむ企業を救う解決策として注目を集めているのが、ブルー・オーシャン戦略です。

ブルー・オーシャン戦略を駆使すれば、ライバルの存在しない広大な未開の市場を切り拓き、好業績を実現できるようになります。ブルー・オーシャン戦略は、まさにいま多くの企業が求めている答えのひとつとなり得るものなのです。

ライバルとの激しい競争を勝ち抜くために、もちろん「戦う」という選択をすることもできますが、業界の常識という「近く」ではなく、業界という殻を破って「遠く」を見渡せば、ライバルがまったく存在しない広大な未開な市場が横たわり、その市場にアプローチすることで「戦わずして勝つ」ことを選択できるのです。

ブルー・オーシャン戦略は、世界トップクラスのビジネススクールのひとつであるＩＮ《イン》ＳＥＡＤ《シアード》のキム教授とモボルニュ教授が、革新的な事業によって成功を収めた企業の戦略を体系化したもので、２００５年に初版が刊行されて以来、世界中のビジネスパーソンから絶大な支持を受け、350万部を超える大ベストセラーとなりました。

本来であれば、ぜひとも原著を読んでいただきたいところですが、なかなかその時間がとれないビジネスパーソンのために、ブルー・オーシャン戦略の概要を端的にまとめたのが本書です。

きっと本書をとおして、現場で起こっているさまざまな問題をブルー・オーシャン戦略を駆使して解決していく様子が、スムーズに理解できることでしょう。

さて、そろそろ新たなステージへ進む準備はできたでしょうか?

いきなり会社の命運を分ける重要なポジションを任された主人公は、ブルー・オーシャン戦略を駆使して、どのように経営破綻の危機にある赤松出版を立て直すのか?

それでは、ここから物語がスタートします!

2016年9月

安部徹也

マンガでやさしくわかるブルー・オーシャン戦略　目次

Prologue

ブルー・オーシャン戦略の基礎知識

Part 1

市場の境界を引き直す

Part 2

新たな需要を掘り起こす

Part 3

効用を高め、爆発的に売れる価格を見極める

Part 4
利益の出るコストの実現と戦略の成否

Part 5

組織のハードルを乗り越える

リーダーは改革に熱意をもって取り組めて
社内でも人望が厚い人じゃなきゃダメなの!!
兄さんしかいないのよ!
!!!

Prologue

ブルー・オーシャン戦略の基礎知識

Story 0
レッド・オーシャンの罠
9月
赤松出版
えっ!?
融資を引き上げる?
赤松出版　営業部部長
赤菜 亮(33)
このままの業績ではこれ以上の融資は難しいですね
そこをなんとかなりませんか?
…そうなれば我が社は倒産することに…
赤松出版　社長
赤菜 仁(63)
申し上げにくいのですが
6カ月以内に業績を回復させなければ…
……っ

!?
……わかりました なんとかしましょう
社長!
なんとかするって わずか6カ月で あてはあるんですか?
これまでうちは 何度も危機 を乗り越えてきた
今回も社員一丸となって がんばればなんとかなる
そんなこと 言ったって……
PiPiPi

成田空港
成田国際空港
Narita Airport Terminal
あ、兄さん？
赤菜 愛(27)
いま成田に着いたよ これから帰るね
お母さんのご飯久しぶりだから楽しみ～
おかえり、愛
気をつけて帰ってこいよ

やっぱりおいしー
ついてる
いっぱい食べてね
やっぱり向こうの講義すごかったよ
この経験を活かしてがんばるよ!
まーよかったわねー
お父さんいろいろありがとう
うん
……
けいちゃんお土産あるやろねー
わー!

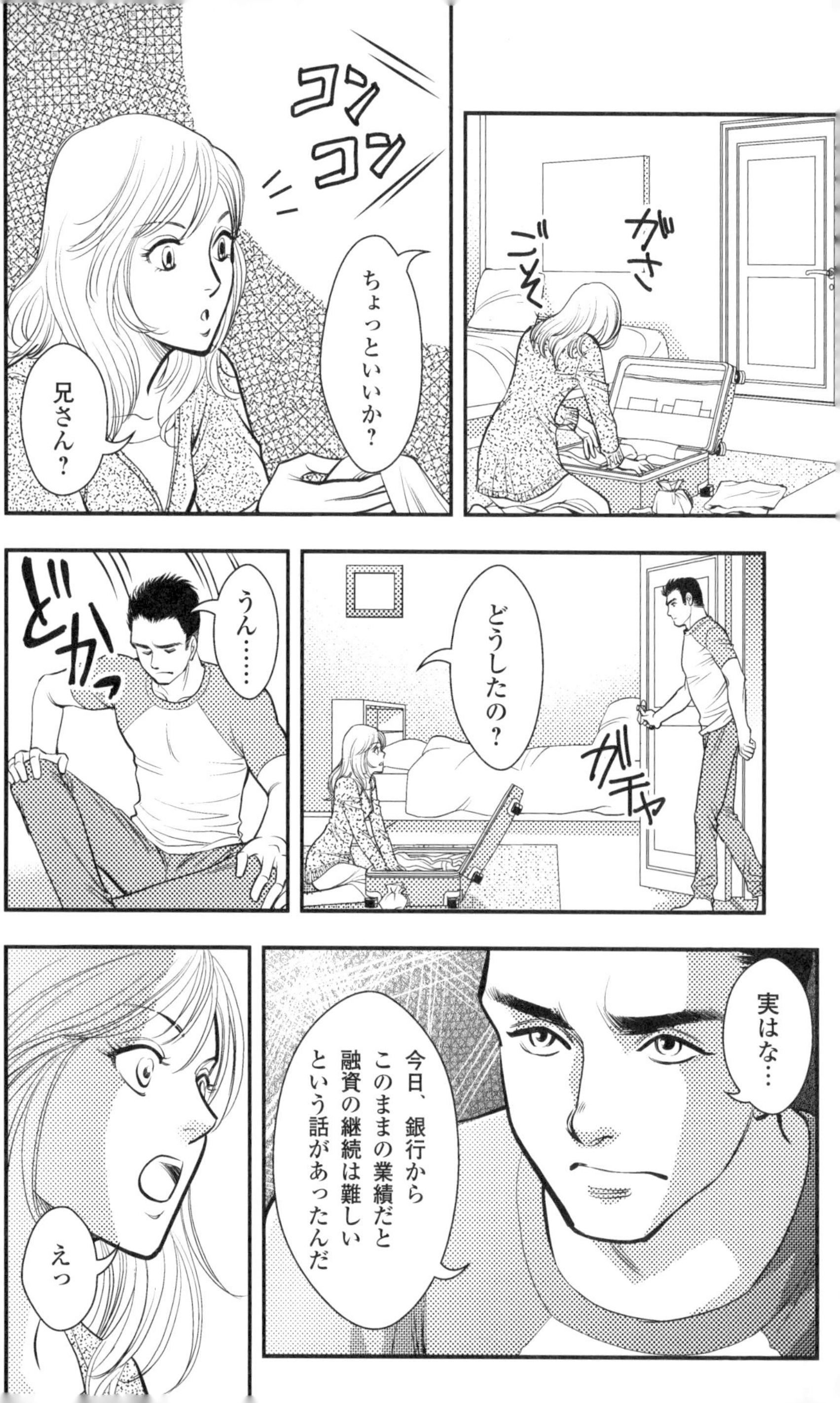
ガサ
ゴソ
コンコン
ちょっといいか？
兄さん？
ガチャ
どうしたの？
うん……
どかっ
実はな…
今日、銀行から
このままの業績だと
融資の継続は難しい
という話があったんだ
えっ

そしたらお父さんの会社はどうなるの？
最悪、倒産…しかも猶予は6カ月だ
6カ月？全然時間がないじゃない！
それで何か対策はあるの？
いろいろと考えてはいる
でもこれだけ本が売れない時代では……
ふたりで話し合ったがいいアイデアは出なかった
そう……

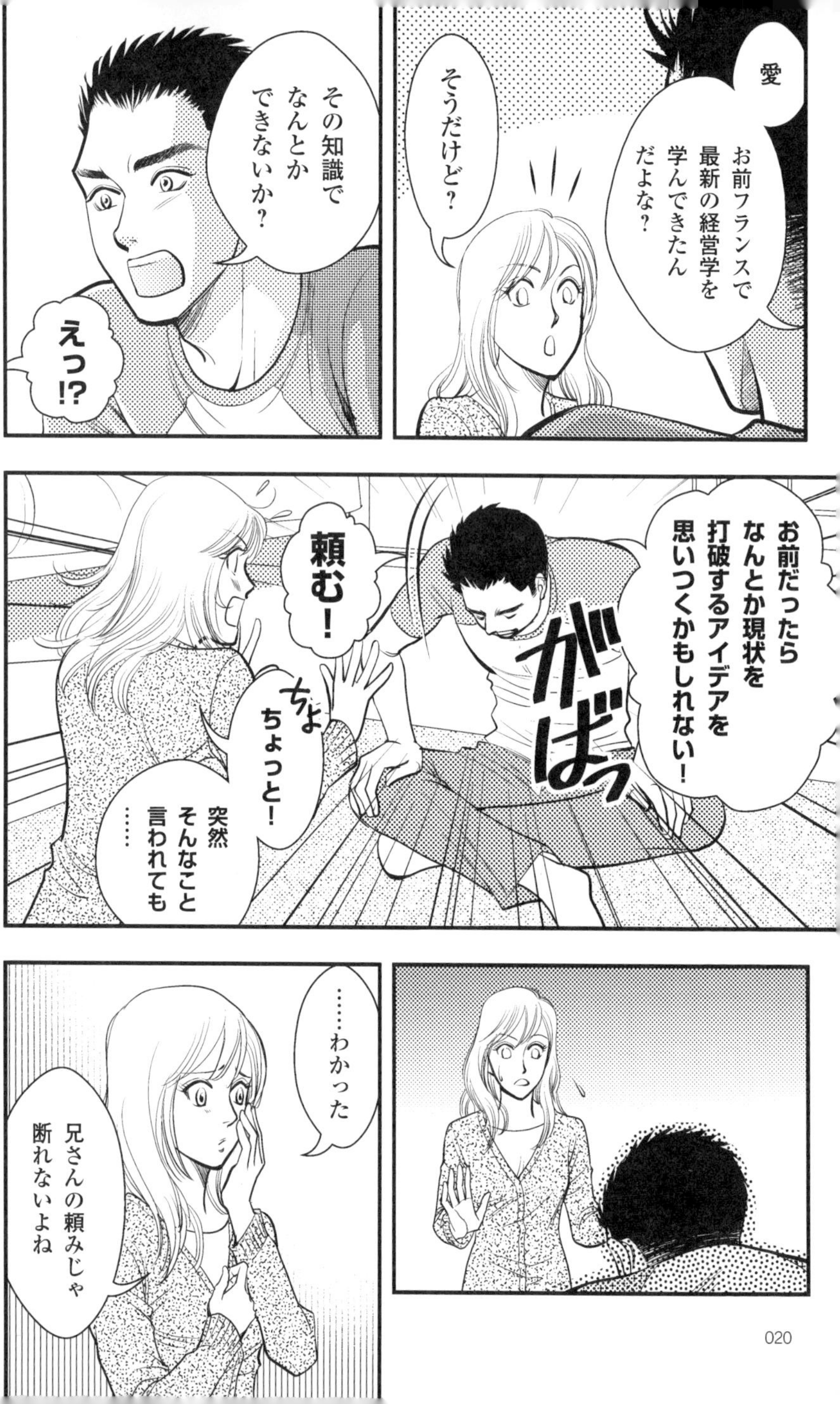
愛
お前フランスで最新の経営学を学んできたんだよな？
そうだけど？
その知識でなんとかできないか？
えっ!?
お前だったらなんとか現状を打破するアイデアを思いつくかもしれない！
がばっ
頼む！
ちょ
ちょっと！
突然そんなこと言われても……
……わかった
兄さんの頼みじゃ断れないよね

コンコン
はい
ガチャ
父さん ちょっといい？
なんだ 兄妹そろって
くるっ
お父さん
兄さんから事情は聞きました
もしかすると 私が学んだ知識で 現状を打破することが できるかもしれない！

そうは言っても
お前は経営の経験なんて
ないだろう？
でも……
INSEAD《インシアード》で
学んだことを
活かせば
何かできるかも
しれないじゃない？
※ INSEAD《インシアード》：経営の疑似体験をとおして数々のビジネスの問題を解決するスキルを身につけることができる世界トップクラスのビジネススクール
あの……
ちょっと
それ見てもいい？
これか？
構わないが…
パラ
パラ
……
カタッ
カタ
カタ
カタ
カタ
カタ
カタ
カタ
カタ

?
うん
やっぱり
うちの会社はレッド・オーシャンの罠に陥っている……
これじゃ利益が出ないはずだわ……
なんだって!?
ギくっ
で、でもっ
ブルー・オーシャン戦略なら現状を打破できる…はず!
あっ
ブルー・オーシャン戦略って
INSEAD《インシアード》の看板教授の
キム教授とモボルニュ教授が
体系化した
ビジネス戦略のことね!

赤松出版の戦略キャンバス
重要度（高）
ライバル
自社
重要度（低）
競争要因
価格
企画（コンテンツ）
量（ページ数）
プロモーション
販売ルート（書店）
これは戦略キャンバスという企業の戦略を分析するフレームワークなんだけど……
うちの会社とライバル企業の折れ線が重なっているでしょう
これは各社の戦略が同じで激しい競争が行われている証拠なの

つまり…
このままでは
不毛な競争で疲弊して
業績をあげるどころじゃ
ないということか？
そう！
だから
ブルー・オーシャン戦略で
切り口を変えて
ライバルのいない
広大なマーケットを
切り拓くしかないと思うの！

01 ブルー・オーシャン戦略とは何か？

⇩多くの企業が陥るレッド・オーシャンの罠

マンガの赤松出版のように、厳しい環境にさらされ、業績不振に陥っている企業は多いのではないでしょうか？　もしかすると、あなたの会社もライバルとの激しい競争に頭を悩ませているかもしれません。

ビジネスとはお客様に自社の製品・サービスを販売し、最終的に利益をあげていく活動です。このビジネスの活動自体は非常にシンプルですが、実際に利益をあげることはそう簡単ではありません。どんな業界でも必ずライバルが存在し、激しい競争に勝ち抜かなければ顧客に自社の製品・サービスを選んでもらえないからです。

このようなライバルと血で血を洗うような激しい競争がくり広げられている市場は、**〝レッド・オーシャン〟**と呼ばれています。

たとえば牛丼業界では、「牛丼御三家」と呼ばれる、すき家、吉野家、松屋が激しい価格競争をくり広げていました。吉野家が牛丼1杯280円に値下げすれば、すき家は270円、そして松屋は味噌汁付きで280円にするなど、まさに10円単位で最低価格を競い合い、顧客をいかにライバルから奪うかに腐心していたのです。

結果、低価格から一時的に顧客数は増え、売上、利益ともにアップしますが、各社がコストアップに耐え切れずに値上げに踏み切ると、顧客は一気に離れ、業績不振に陥ります。牛丼業界に限らず他の業界でも、身を削って競争に勝ち残ろうとしても最終的にはほとんどの企業が疲弊してしまうという不毛な競争がくり返されているのです。

これは、**多くの企業が「ビジネスで勝ち残るためにはライバルと競争するしかない」という固定概念にとらわれすぎている**ことに起因します。

つまり、多くの企業がこの〝レッド・オーシャンの罠〟に陥っているのです。

⇩ 競争相手のいない〝ブルー・オーシャン〟とは？

それでは、競争相手のいない市場など本当に存在するのでしょうか？

その答えは、非常にシンプルです。

ライバルが相手にしない人や企業を顧客にすればいいのです。つまり、これまで業界で注目されていなかった顧客にフォーカスし、より多くの顧客の共通のニーズに応えていくことで、競争とは無縁のビジネスを展開できるようになるのです。

業界の主要ターゲットとそれ以外を比べれば、どんな業界でも圧倒的にそれ以外の顧客が多いことは簡単に想像できるでしょう。

たとえば、東京ディズニーリゾートにはのべ3100万人の来園者がありました(2015年)。この来園者数にはリピート顧客や海外からの顧客も含まれています。つまり、実際に1年間に東京ディズニーリゾートを訪れた顧客は3100万人よりも少なく、仮に3000万人とすると、日本の人口はおよそ1億2700万人なので、9700万人はディズニーランドを訪れていないことになります。来園客以外の規模は来園客の実に3倍以上にのぼることがわかります。

日本一のテーマパークでさえ、このような数字なのですから、他の業界で顧客とそれ以外でどちらが多いか、結果は火を見るよりも明らかといえるでしょう。

ビジネスの考え方として、ライバルと同じターゲット顧客に自社の製品・サービスを販売しようとするから、激しい競争を勝ち抜かなければならなくなるのです。それならば、逆転の発想でいっそ他社が力を入れていない顧客にフォーカスすれば、ライバルがまったくいない広大な海を悠々と航海できるようになります。

これが〝ブルー・オーシャン〟であり、この競争のない広大な未開の市場を切り拓いていく戦略がブルー・オーシャン戦略なのです。

図01 レッド・オーシャンの外にある広大な市場

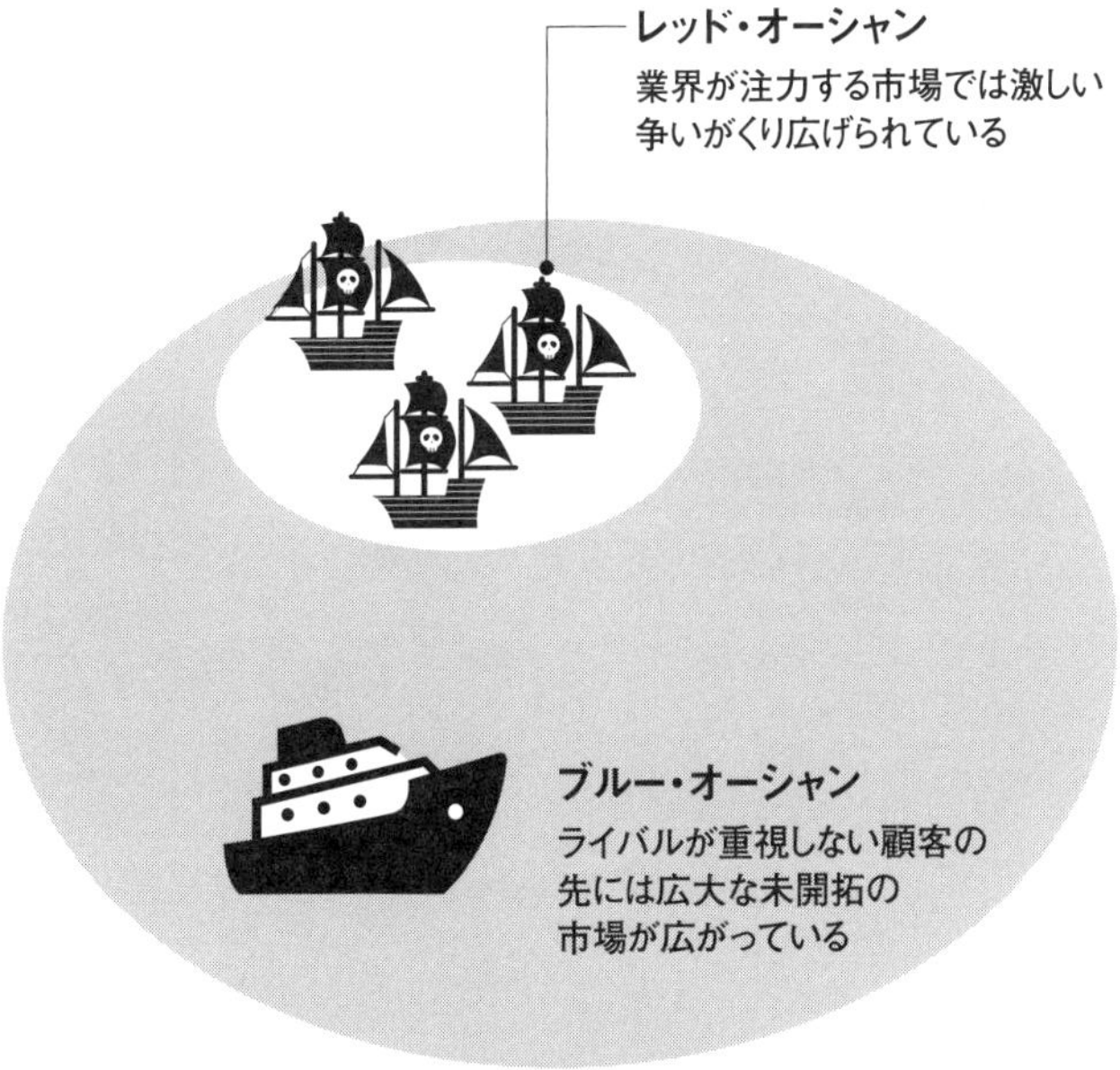
レッド・オーシャン
業界が注力する市場では激しい
争いがくり広げられている
ブルー・オーシャン
ライバルが重視しない顧客の
先には広大な未開拓の
市場が広がっている

ブルー・オーシャン戦略では、ライバルが重視しない
顧客を見極めて広大な未開拓の市場を切り拓いていく

ブルー・オーシャン戦略の成功事例

02

10分1000円のQBハウスが生まれた理由

それでは、実際にブルー・オーシャン戦略に成功した事例を紹介しましょう。原著『［新版］ブルー・オーシャン戦略――競争のない世界を創造する』（W・チャン・キム、レネ・モボルニュ著、入山章栄監訳、有賀裕子訳、ダイヤモンド社）の中でとりあげられている企業に、短時間・低価格カットでおなじみのQBハウスがあります。

QBハウスを展開するQBネットは、創業者である小西國義氏が、行きつけのホテルの理容室で、髭剃りやシャンプー、マッサージなど自分には必要のないサービスを1時間程度かけて受けたうえに、価格も高額なことに不満を抱いていたことがきっかけで生まれました。サービスをヘアカットだけにして、低価格で提供する理容室があってもいいのではないかという発想からスタートしたビジネスです。

当時、ほとんどの理容室は、「全国理容生活衛生同業組合連合会」という業界団体に所属していました。そこでは、ヘアカットに加え、髭剃りやシャンプーなど過剰ともいえるサービスが付いて4000円程度というのが相場でした。

こうした従来のフルサービスの理容室を好んで利用している顧客はいるものの、時間や料金をセーブしたい自分のような顧客は相当数にのぼるのではないかと、創業者の小西氏は推測したのです。

⇩QBハウスのブルー・オーシャン戦略

小西氏は理容業界の経験はありませんでしたが、もし短時間で低価格の理容サービスを提供できれば、競争に巻き込まれることのないビジネスを展開できるのではないかと考えました。

そこでまずはカットに特化し、ヘアカットを10分1000円で提供することを決定します。

10分1000円であれば、単純計算をすると、60分で6000円の売上があがります。従来の理容室が60分で4000円とすると、150%の売上アップを実現することが可能になります。つまり、価格を4分の1に設定しても、顧客が6倍になれば売上は大きくアップするのです。

ただ、10分で1000円という低価格を実現するためには、相当のコスト削減も必要です。そこでQBハウスでは、電話もなければトイレやレジ、シャンプー台なども設置しないことにしました。椅子や鏡など、カットに必要な最小限の設備だけを残したのです。また、代金を支払う自動販売機やカット後の毛くずを取り除くエア・ウォッシャー・システムという電気掃除機のような機器を導入し、効率化を図っています。

なお、顧客は予約ができない代わりに、店の外に設置されている信号機のような機器で混雑具合がわかるようになっています。緑色であれば待つことなくすぐにカットしてもらえるという合図ですし、黄色であれば待ち時間が5分から10分、赤色の場合はカットまで15分以上かかることが、遠くからでもわかるようになっているのです。

このように、ＱＢハウスは10分１０００円という当時の業界の常識では考えられない低価格を実現したうえに、コスト削減だけでなく、顧客の満足度を下げないための斬新なシステムを次々と導入し、ブルー・オーシャンを切り拓いていきます。

そして、１９９７年の創業時には5万７０００人だった顧客数も、10年後の２００7年には１０５９万人と１０００万人を突破。そして、２０１6年には１５９５万人に達し、まだまだ成長を続け大きな成功を収めているのです。

図02 QBネットは理容業界でブルー・オーシャンを切り拓き、大きな成功を収めた

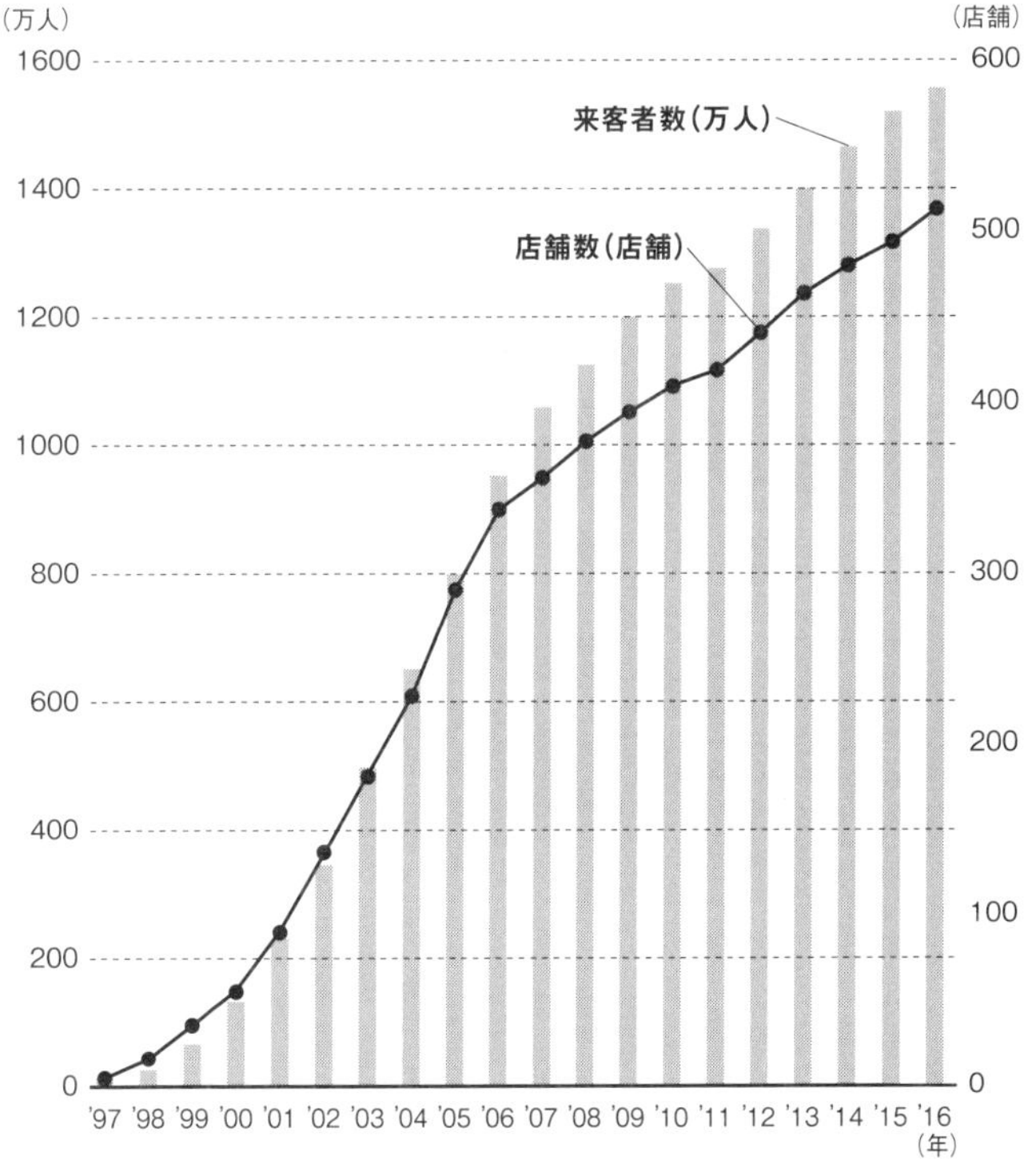

出典:キュービーネット株式会社ホームページ

03 なぜ、ブルー・オーシャン戦略が必要なのか？

企業を取り巻く厳しい環境

これまで簡単にブルー・オーシャン戦略とはどのようなものなのか、そして、ブルー・オーシャン戦略を駆使して成功した企業の取り組み事例を見てきました。

ブルー・オーシャン戦略は比較的最近に体系化された経営戦略ですが、今日その重要性は益々増しています。その背景には激しさを増す競争環境があります。

グローバル化の進展やITの発達で、ビジネスにおける競争が加速度的に厳しさを増していることは、多くのビジネスパーソンが感じていることでしょう。

たとえば、これまで日本の中小企業が担ってきた下請け的な仕事は中国や東南アジアの国々の企業に奪われつつありますし、マンガの舞台である出版関連の業界を見渡せば、アマゾンなどをはじめとしたネット販売の影響で、小さな書店は壊滅的な打撃を受けています。

それに加えて、昨今、異業種からの参入で市場の様子がガラリと変わり、急激に業績不振に陥ることさえあるのです。たとえば任天堂は、ニンテンドーDSやWiiといったゲーム機を投入して、快進撃を続けてきました。しかし、スマートフォンの利用が広まり手軽にゲームが楽しめるようになると、多くのユーザーが離れ、連続して赤字に転落するなど、まさに天国と地獄を短期間で経験しています。

もちろん、このような激しい競争がくり広げられる市場で、ライバルを強く意識して他社と差別化した製品を開発したり、より低価格で競争を仕掛けたりすることで、勝ち抜くこともできるでしょう。

ただ、ライバルも全力を尽くしています。そのような中で競争に勝ち続けることは、困難を極めます。

⇩ブルー・オーシャン戦略が大きな利益をもたらす

競争が益々厳しさを増し、いったん成功を収めた企業でさえ勝ち続けることが難しければ、安定的な成長を実現することは不可能と思えるかもしれません。

限られた市場でライバルとの競争を意識したビジネスを展開すれば、おそらく売上や利益は年々減少し、いずれジリ貧になってしまうでしょう。

そこで、利益の総量が縮小している既存の市場に固執することなく、自ら新たな需要を創造し、競争にとらわれないビジネスを目指すブルー・オーシャン戦略がその価値を発揮するようになるのです。

競争のない市場を切り拓くことに成功すれば、事業に非常に大きなインパクトを与えることが調査からわかっています。

ブルー・オーシャン戦略を体系化したＩＮＳＥＡＤ《インシアード》のキム教授とモボルニュ教授が、ホテルや映画、小売、航空、エネルギー、コンピューター、放送、建設、自動車、鉄鋼など30を超える業界の１０８社を調査した結果、戦略的に成功を収めた事例のうち、ブルー・オーシャン戦略の占める割合は14％と少ないものの、ブルー・オーシャン戦略の成功が売上の伸びに占める割合は38％に膨らみ、利益の伸びにいたっては61％と、圧倒的に大きな儲けを実現できることが明らかになったのです。

この調査結果からわかるのは、**ブルー・オーシャン戦略を成功することは難しいものの、いったん成功すれば、レッド・オーシャンとは比べものにならないくらいの利益を実現できる**ということです。

多くの企業にとって、競争に勝ち続けるのは難しいことを考えれば、競争のない未開拓の市場を切り拓き、新たな需要を創造するブルー・オーシャン戦略は挑戦する価値のあるものであり、重要な意義をもつといっても過言ではないのです。

図03 ブルー・オーシャンを生み出せば、
大きな利益・売上高を獲得できる

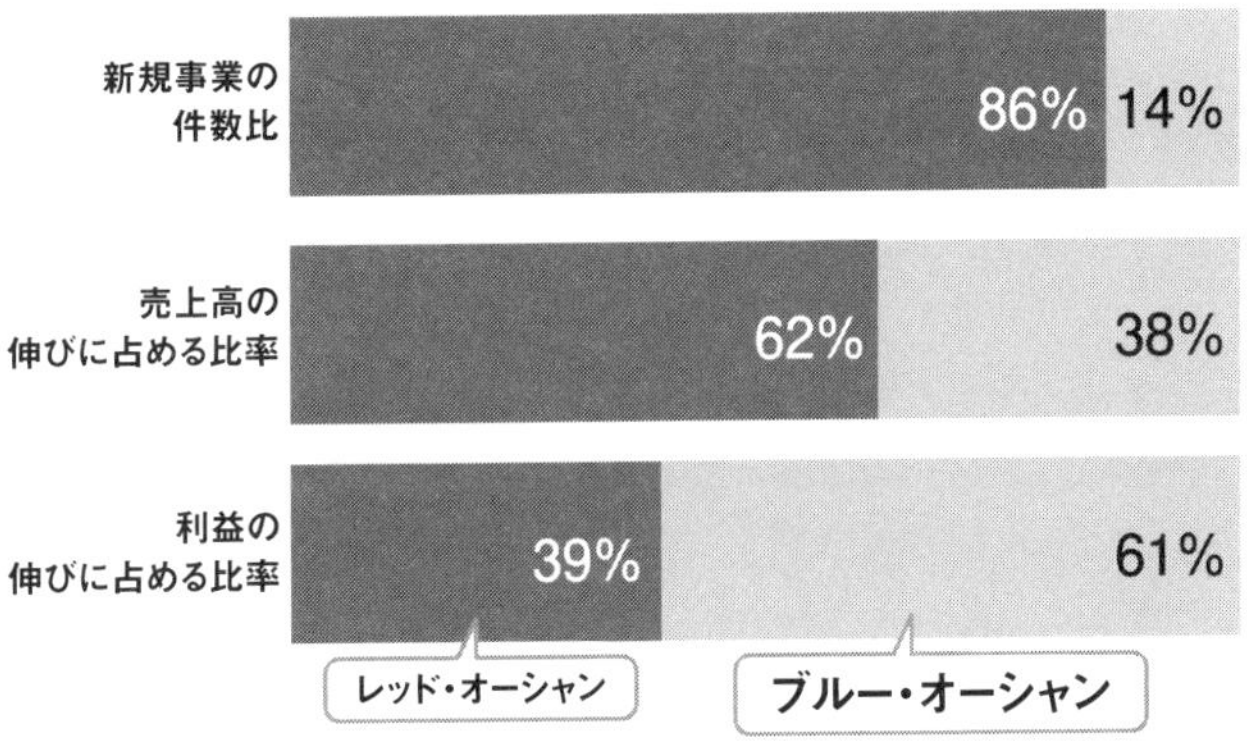

（出典：『〔新版〕ブルー・オーシャン戦略』P.50）

04 ブルー・オーシャン戦略と他の戦略の違い

ブランド戦略とブルー・オーシャン戦略

ライバルの存在しない市場をつくり出す方法は、何もブルー・オーシャン戦略だけではありません。レッド・オーシャン化した市場においても、ブランド戦略で成功を収めれば、熱狂的なファンを獲得して、競争をあまり意識することなくビジネスを展開できるようになります。

たとえば、メルセデス・ベンツはブランド戦略で大きな成功を収めた企業のひとつです。

ニューモデルを発売するごとに熱狂的なファンの買い替え需要に支えられ、大きな売上を獲得しています。顧客はメルセデス・ベンツを所有することに大きな誇りや満足を覚え、他の車に目移りすることがなくなるのです。

メルセデス・ベンツが行うような**ブランド戦略の下では、製品開発やプロモーションに多大なコストをかけて、自社のブランドを多くの顧客に浸透させ、他社製品との差別化を図っていく**のです。

⇩差別化と低コスト化で常識を打ち破る

一方、ブルー・オーシャン戦略で成功を収めた企業は、必ずしも高いブランド力を誇るわけではありません。先ほど紹介したQBハウスなどは、どちらかといえばブランド企業とは対極にあるといっても過言ではないでしょう。

もちろん、ブルー・オーシャン戦略でも、製品自体が他社との差別化がされていなければ顧客に選ばれることはないので、差別化には力を入れます。ただ、ブルー・オーシャン戦略では差別化に加えて低コスト化も同時に追求し、顧客にとっての価値を飛躍的に高めていくところに特徴があるのです。

差別化を追求しながら、同時に低コスト化を図る活動は**バリュー・イノベーション**と呼ばれ、ブルー・オーシャン戦略成功の重要な鍵を握ることになります。

たとえば、QBハウスの事例では、10分1000円のヘアカットというサービス面での差別化を図ると同時に、ひげ剃りやシャンプー、マッサージといった多くの顧客が不要と感じるサービスを廃止し、低コストを究極まで追求したというのはすでに述べたとおりです。

レッド・オーシャン市場における競争戦略の世界的な権威であるハーバード・ビジ

ネススクールのマイケル・ポーター教授によれば、競争を優位に展開するためには差別化か低コスト化のどちらか一方を突き詰めていくことが有効だとされてきました。つまり、「価値のためにコストを犠牲にする」もしくは「コストを優先して価値の低下には目をつぶる」というのがビジネスの常識だったのです。そのため、**差別化と低コスト化を同時に実現するバリュー・イノベーションは、経営戦略の既成概念を覆す考え方**といえるでしょう。

ただ、**競争のないブルー・オーシャンを切り拓く戦略自体がこれまでの常識にとらわれていては実現不可能**といえますので、差別化と低コスト化のバランスをとりながら、顧客や自社にとっての価値を最大化するバリュー・イノベーションを起こす必要があるのです。

05 戦略キャンバスによる環境分析

戦略キャンバスでブルー・オーシャン戦略の必要性を確認する

ブルー・オーシャン戦略は業績をあげるために効果的な戦略であるとはいえ、すべての企業にブルー・オーシャン戦略が必要なわけではありません。**すでにライバルと差別化できているビジネスを展開している企業は、あえてブルー・オーシャン戦略を取り入れる必要はない**のです。

ブルー・オーシャン戦略の必要性を判断するツールに**戦略キャンバス**があります。まずは戦略キャンバスを描いて、業界の競争の状況を明らかにすることでブルー・オーシャン戦略導入の必要性を判断することができるようになるのです。

戦略キャンバスの描き方

戦略キャンバスを描く際には、まず業界内の競争要因を挙げていきます。たとえば出版業界であれば、価格や企画（コンテンツ）、量（ページ数）、プロモーション、販売ルートなどが考えられるでしょう。これらの競争要因を挙げる基準は特にありませんので、いくつかのグループに分かれてそれぞれが独自に競争要因を検討して比較するといいでしょう。検討する競争要因の数としては、10前後が適切といえるでしょう。

まずはこのようにして挙げた**競争要因**を横軸に並べます。

続いて、**自社を含め、業界内のライバル各社がこれらの競争要因に対して、どの程度の力を入れているのか**を縦軸に点を打って評価していきます。

そして、最終的に各企業の点を結んだものが**価値曲線**と呼ばれ、戦略の特徴を表しています。

ここで、**業界内の各企業の価値曲線が重なり合う、もしくは平行状態であれば、**

図04 赤松出版の戦略キャンバス

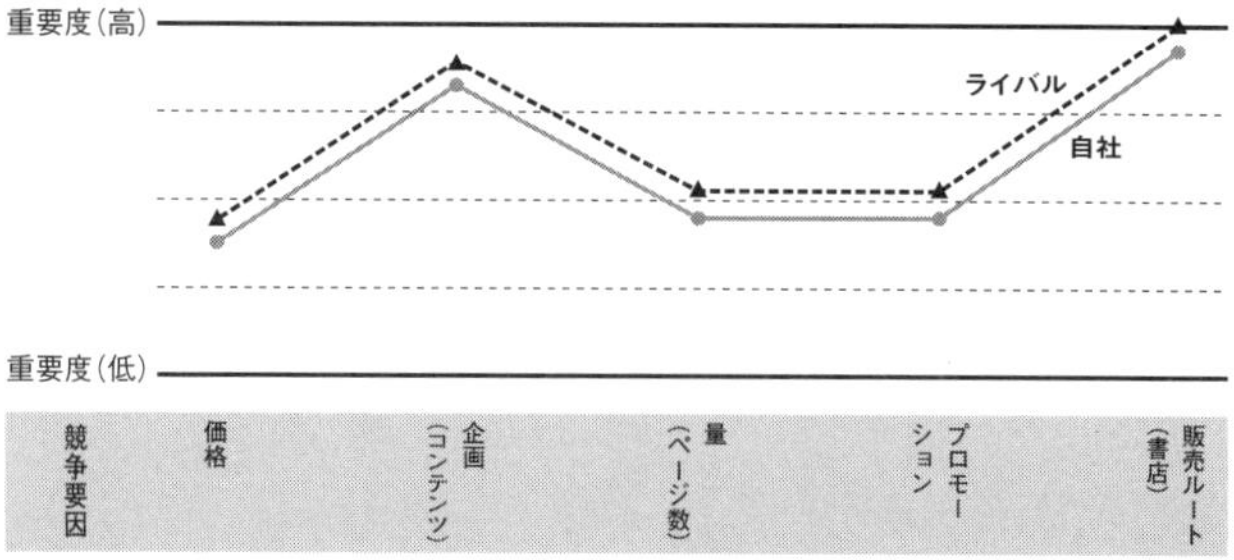

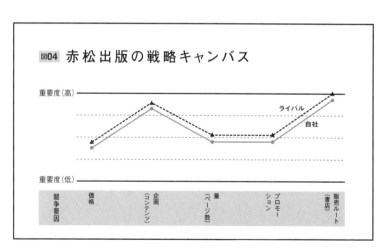

その業界は激しい競争がくり広げられているレッド・オーシャンであることがわかります。このような場合、競争を抜け出すためにブルー・オーシャン戦略の必要性が高まってくるのです。

⇩ 戦略キャンバスから見えてくる自社の問題点

また、この戦略キャンバスの価値曲線を読み解くことで、自社の問題点が浮き彫りになります。

問題① 利益につながらない過剰奉仕

価値曲線を描いた時に、すべての競争要因に力を入れていることが判明した場合、投資に見合う利益を得ているかどうかを確認する必要があります。たとえば、出版業界の場合、企画も量もプロモーションも販

図05 問題①の戦略キャンバス例
利益につながらない過剰奉仕

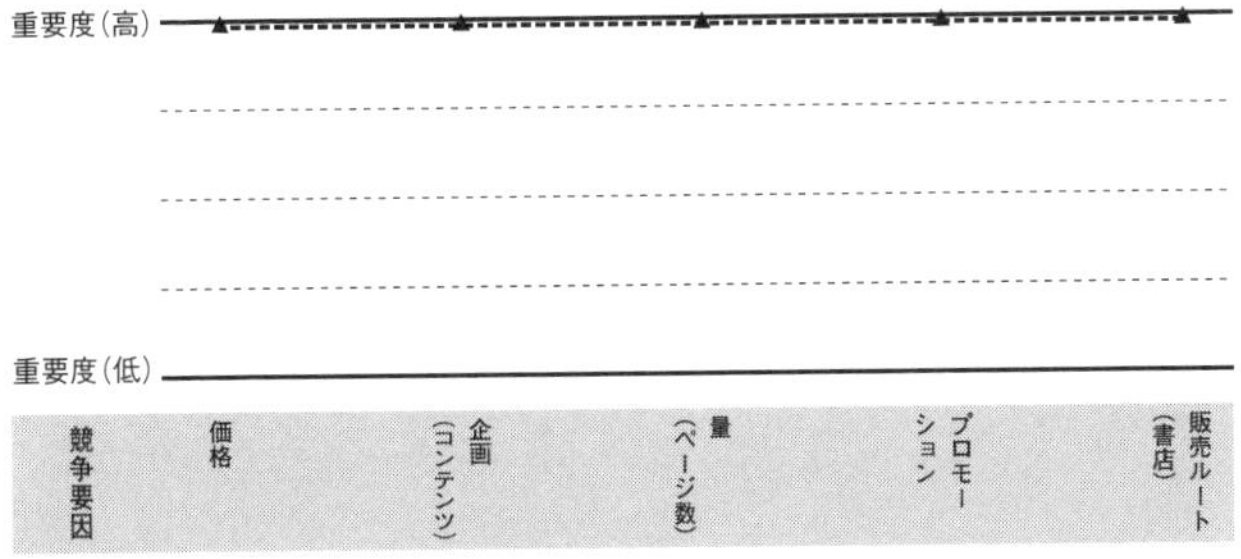

売ルートにも最大限の力を入れ、顧客満足を追求していたとしましょう。しかし、分量の増加が必ずしも満足度の向上につながるとは限りません。

競争要因に対する投資に対して、十分な利益が得られていないのであれば、それは無駄なコストをかけて顧客に過剰奉仕している証であり、無駄を省くことを検討すべきシグナルといえます。

問題② 戦略の一貫性が欠けている

価値曲線が規則性のない凹凸で表現されている場合、戦略に矛盾があり、一貫性がないことが考えられます。戦略とは、水が高いところから低いところに流れるように、シームレスな整合性がなければ効果を発揮することはありません。いかにすぐれ

図06 問題②の戦略キャンバス例
戦略の一貫性が欠けている

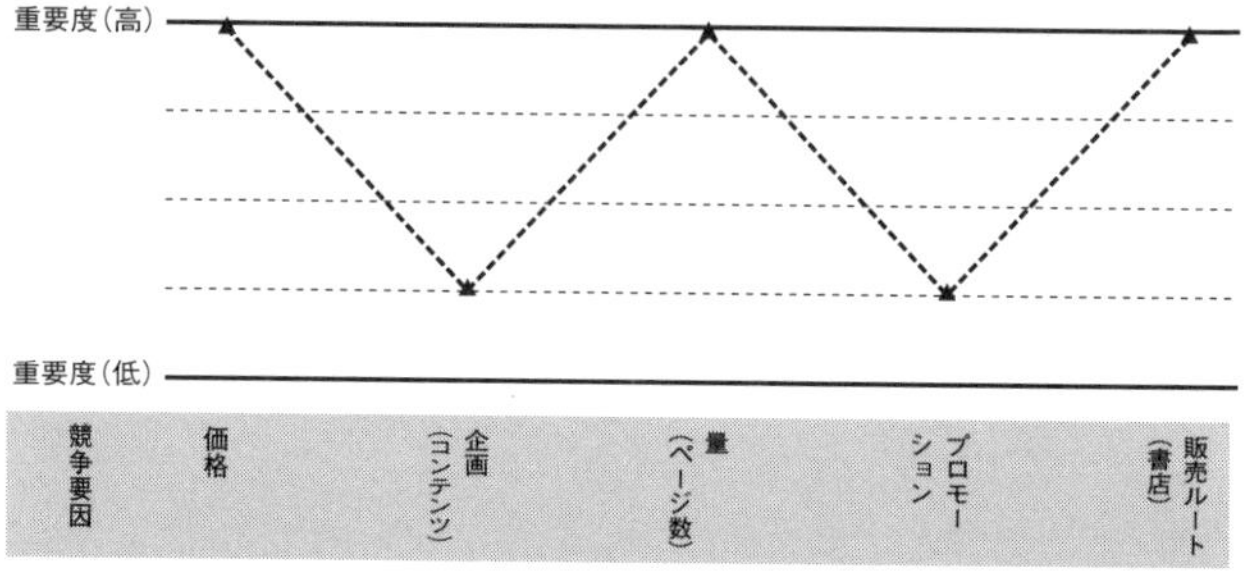

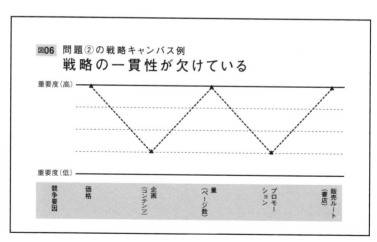

た戦術を寄せ集めても、途中で分断されるようでは、結果に結びつくことはないのです。出版業界でいえば、高価格を設定しながら企画の質は低いままであったり、コンテンツに力を入れながら、プロモーションを展開していない場合が考えられます。

感覚的にわかったつもりでいても、価値曲線で戦略を可視化しない限りは、こうした矛盾に気付けないことがあるものです。

問題③ 顧客を置き去りにしている

競争要因に選んだ用語をチェックすれば、企業の姿勢が「内向き」か、もしくは「外向き」かがわかります。競争要因に業界内でしか通用しない専門用語を使っている場合には、その企業は「内向き」であり、顧客を置き去りにしている可能性が高

図07 問題③の戦略キャンバス例
顧客を置き去りにしている

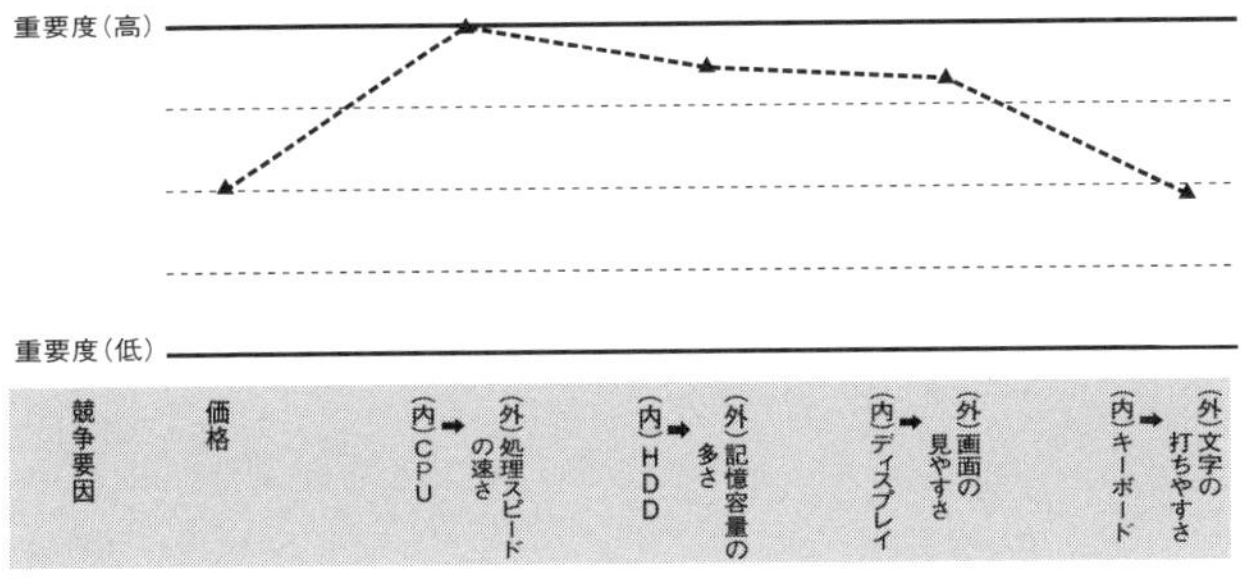

いといえます。

たとえば、パソコンメーカーが競争要因に「ＣＰＵ」、「ＨＤＤ」などを挙げていたとしましょう。これは明らかに「内向き」の競争要因であり、「外向き」で考えるなら、「処理スピードの速さ」、「記憶容量の多さ」など顧客目線で表現し直す必要があるのです。

「内向き」の企業の場合、製品・サービスなどの開発において、顧客の期待と大きなギャップが生まれる可能性も高くなるので、注意が必要といえるでしょう。

Part 1

市場の境界を引き直す

Story 1
バリュー・イノベーションを起こせ!
月曜日の朝
赤松出版のオフィス
みんなおはよう
オハヨーゴザイマース
仕事に取りかかる前にちょっと聞いてくれ
今日から新事業開発の特別プロジェクトを発足する
リーダーは今日付けで我が社に入社した赤菜愛さんだ
赤菜愛です
力不足の感は否めませんが
みなさまのお力添えをいただきながら
プロジェクトを成功に導きたいと思っています

ペコリ
パチ…
パチ…
よろしくお願い いたします
ヒソ
赤菜ってことは 社長の娘じゃないの?
ヒソ
ヒソ
業界の経験 ないよな?
ヒソ
特別プロジェクト って何?
ヒソ
ヒソ
まあ 当然の 反応よね……
コツ
コツ
営業部
また 返品だよ~
うちの本 売れてないな……
もう平積みは無理って 書店さんに 言われちゃいました……
マジ?

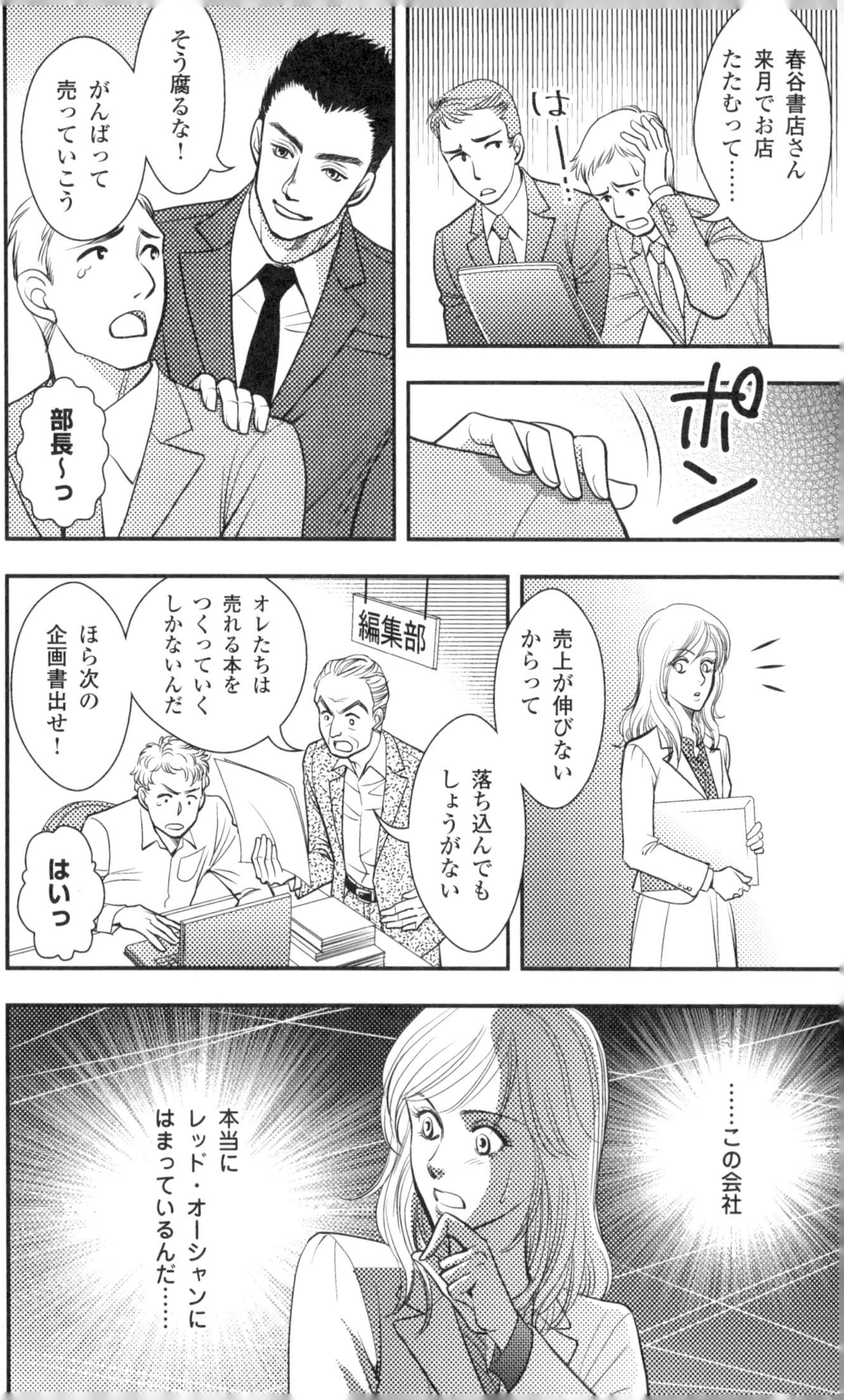
春谷書店さん
来月でお店
たたむって……
はーー…
そう腐るな！
がんばって
売っていこう
部長〜っ
ポン
売上が伸びない
からって
落ち込んでも
しょうがない
編集部
オレたちは
売れる本を
つくっていく
しかないんだ
ほら次の
企画書出せ！
はいっ
……この会社
本当に
レッド・オーシャンに
はまっているんだ……

私、もしかしてとんでもないことを引き受けちゃった……？
びくっ
ヴーッ
ヴーッ
差出人:青木純
宛先:
MBA取得おめでとう！
帰ってきてるんだって？
一度お茶でもど
なんだメールかぁ…
あっ純さんだ……
純さん…青木純さんは留学の前にいろいろ相談に乗ってもらったＩＮＳＥＡＤの先輩でいまは経営コンサルタント
そうだ
純さんに相談してみようかな……

自家焙煎珈琲
Grand Bleu
後日
とあるカフェ
お久しぶりです！
久しぶりだね！
あの……
実は相談したいこと
があるんです！
……というわけで
父の会社が深刻な
レッド・オーシャンの罠に
陥っているんです……
なにかアドバイスを
いただけませんか？
うん
なるほど…
たしかに
ブルー・オーシャンを切り拓ければ
危機は乗り越えられるね
そのために
どうすれば……
赤菜さんは
どう思う？

これまでにない製品を低コストで提供するバリュー・イノベーションを起こせば……
これまでにない製品
¥？.???
うんうん
でも…私……
うまくやれるか不安なんです
君はなぜINSEADに行って経営学を学ぼうとしたの？
えっ
そうだ……
こんな本を作ったんだよー
たいへん
たいへん
私は……
もっと読んでーっ

父のような経営者になりたいと思って……
僕にできることはなんでも手伝うよ
にこっ
ありがとうございます！私がんばってみます！
翌日　会議室
会議室
さて
オレたちのミッションは
6カ月以内にこれまで出版業界では考えられなかったような商品を開発し大ヒットに導くことだ

ま……それが簡単にわかれば苦労していないけど
クス
1%でも可能性があるならそれに賭けてみようよ
そうだなやってみよう
カパ
じゃあ今回はブルー・オーシャン戦略のフレームワークに即して新商品のアイデアを考えていくっていうのはどう？
それはどうやるんだ？
競争のない広大な新たな市場を切り拓くには
6つのパスがあるの
6
6つのパス？

①代替産業に学ぶ
②業界内の他の戦略グループに学ぶ
③違う買い手グループにフォーカスする
④補完財・補完サービスを検討する
⑤機能志向と感性志向を切り替える
⑥将来を見通す
6つのパスは全部でこれ！
①代替産業に学ぶ
ひとつめは自社製品の代わりになるものからヒントを得るの
出版業界にとっての代替産業はインターネットかな？
②業界内の他の戦略グループに学ぶ
ふたつめは業界内の違う戦略グループのいいとこ取りを考える
高級路線と大衆路線のいいとこ取り！
高価格
低価格
低パフォーマンス
高パフォーマンス
高級車
大衆車
レクサス

③違う買い手グループにフォーカスする
3つめは
ライバルとは違う
ターゲットを見極めて
製品開発に取り組む
利用者
購入者
影響者
自社
ライバル
企業
たとえば
ライバルが利用者に
目を向けていたら
購入者もしくは影響者を
ターゲットにするとか

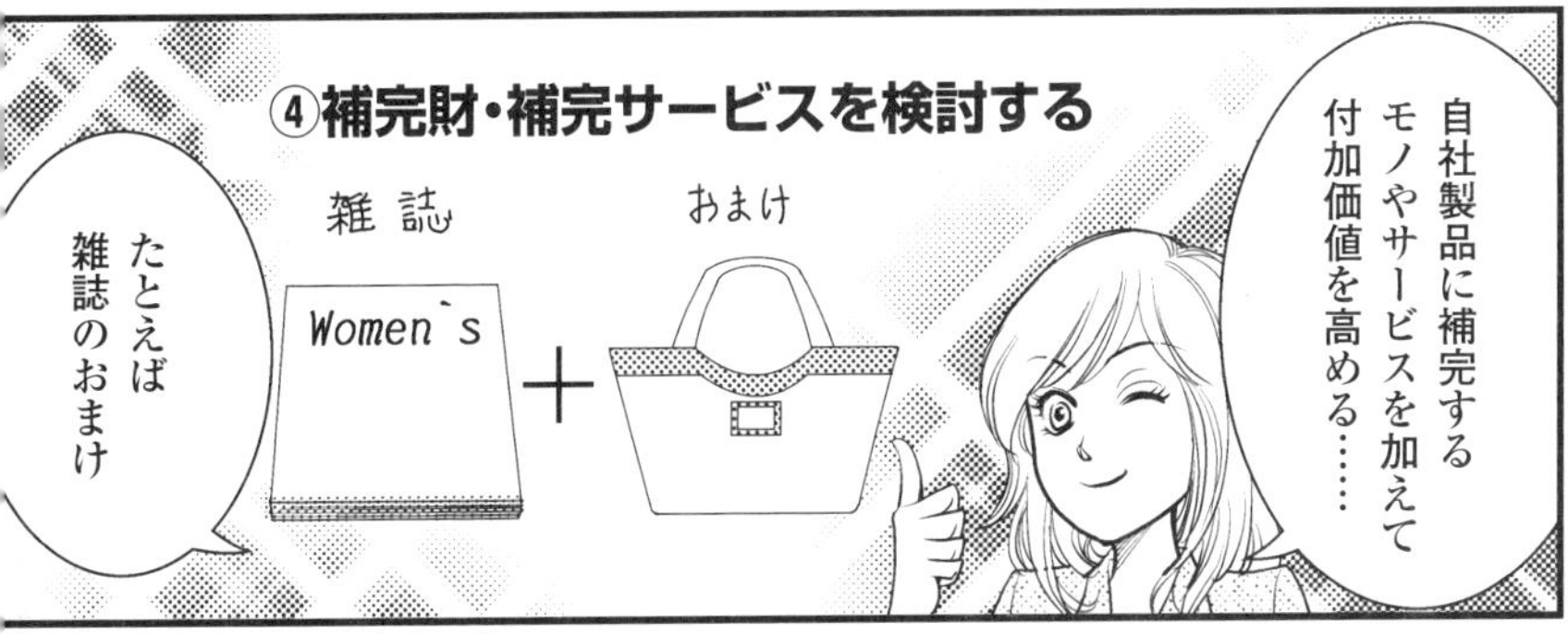
④補完財・補完サービスを検討する
自社製品に補完する
モノやサービスを加えて
付加価値を高める……
おまけ
雑誌
Women`s
たとえば
雑誌のおまけ

⑤機能志向と感性志向を切り替える
5つめは
業界の主流とは逆の
コンセプトで
製品を開発する
機能→感性
感性→機能

⑥将来を見通す
6つめは
確実にやってくる
未来を先取りするの
たとえばいまで言うと
バーチャルリアリティを
使ったサービスとか

ふたりはこの6つのパスを参考にさまざまなアイデアを出し合った
旅行のガイドブックと旅行会社とのコラボ
本によって街をアミューズメント化
出会いを通し非日常体験ができるイベントの提供
ただ、どれもブルー・オーシャンを切り拓くとは思えなかった
カチ
コチッ
いったん休憩にしようか
はあ…
はあ…
そうだね……

はい
サンキュ
美術展
ねえ これってうちの本？
そうだよ あまり売れなかったけどな
えーっ？ おもしろいのに……
いま、そういう情報はネットで手に入るからなぁ
ずず…
ふーん……
林美術展

青木 純
着信中
あっ 純さん！
あれから どうかなと思って
はい
いろいろ アイデアを 出し合っては いるんですが……
そう…
……ところで 明日空いてる？
えっ？

よかったら
気分転換に美術展とか
どうかなと思って…
ほんとですか?
行きたいです!
はい
それじゃぁ
おやすみなさい
はい
スッ
♪~
サッ
サッ
なに着て
行こうかなー
ポリ
ポリ

01 ブルー・オーシャンを切り拓く6つのパス

ブルー・オーシャン戦略では、ここでのリスクを低減するために、**6つのパス**というフレームワークが用意されています。この6つのパスを自社に当てはめることによって、より簡単にブルー・オーシャンにつながるマーケットを発見し、どのような製品・サービスを提供すべきかが明らかになるのです。

以下では、6つのパスについて、一つひとつ詳しく見ていくことにしましょう。

⇩ ブルー・オーシャンを切り拓くための製品を決める

競争のない市場であるブルー・オーシャンを創造するためには、従来の考え方にとらわれているようでは答えは出てこないでしょう。そこで、まずはこれまでの業界の常識を捨て去って市場の境界を引き直していくという作業が必要になります。

ただ、市場の境界を引き直すといっても無限にあるマーケットをしらみつぶしに調査するにはリスクが伴います。

図08 ブルー・オーシャンを切り拓く6つのパス

パス1
代替産業に学ぶ

パス2
業界内の他の戦略グループに学ぶ

パス3
違う買い手グループにフォーカスする

パス4
補完財・補完サービスを検討する

パス5
機能志向と感性志向を切り替える

パス6
将来を見通す

パス１：代替産業に学ぶ

02

⇩代替産業とは何か？

ブルー・オーシャンへの第一の道は、まず**「代替産業に学ぶ」**ことから開けてきます。

代替産業とは、自社製品と同じ機能や目的をもった製品を提供している業界のことです。たとえば、映画館であれば、映画を提供するという機能に着目すれば、ＤＶＤなどのレンタルや映画を放送するテレビなどは代替産業といえます。

また、さらに広げれば、映画館の「楽しい時間を過ごす」という目的は、テーマパークやカラオケ、読書などでも同様であり、これらも代替産業と考えることができるでしょう。

企業は、通常、同じマーケットで激しい競争をくり広げるライバル製品を入念に調査して製品開発に取り組みます。しかし、限られたマーケットでライバルと顧客の奪い合いを続けるようでは、レッド・オーシャンの罠から抜け出すことなどできないでしょう。

視野を広げて、自社が属する狭い業界だけでなく、代替産業にまで注意を向けることで、従来では考えられなかった製品・サービスのアイデアを思いつくことができるようになるのです。

代替産業に学ぶ際は、次のふたつの質問をしながらブルー・オーシャンを切り拓くためのアイデアを考えていくことになります。

【代替産業に学ぶための質問】
①自社にとっての代替産業とは何か？
②顧客が代替産業を選択する場合に重要なポイントとなるのは何か？

図09 代替製品・サービスのメリットを取り入れる

顧客の欲求を満たす製品・サービスに着目し、
そのメリットを取り込むことで新たなコンセプトが生まれる

これらの質問をもとに、代替産業のメリットを取り込んだ製品を、自社のみが開発することができれば、ブルー・オーシャンを切り拓く確率は高まってくるというわけです。

⇩事例：PCのメリットを取り込んだiPhone

たとえば、アップルのiPhoneは世界中で爆発的なヒットとなり、まさにブルー・オーシャンを創造したといっても過言ではないでしょう。このiPhoneは、パソコンという代替産業に着目し、そのメリットを取り込むことによって魅力ある製品に仕上がったといえます。

多くのパソコンユーザーは、メールやインターネット、ゲーム、文書作成、表計算、スケジュール管理など、限られた機能を目的にパソコンを使用しています。そこで、もし携帯電話にパソコンが提供するメリットを取り込むことができれば、「いつでもどこでも利用できる小さなパソコン」というコンセプトの、新たなカテゴリーの製品が生み出され、大きな需要を喚起することにつながると考えたのです。

iPhoneの場合、このようなパソコンの機能を、多くのメーカーが参加するApp Storeというマーケットでアプリとして提供しています。

全世界におけるiPhoneユーザーは莫大な数にのぼります。そのため画面に表示される広告収入で相当な売上を見込めることもあり、数多くの無料アプリが提供されています。つまり、パソコンでは数千円から数万円するソフトが無料で利用できるという大きなメリットもあるのです。

また、iTunes Storeでは、音楽が1曲単位で購入できるなど、音楽プレーヤーとしての魅力も付加し、さらなるメリットを与えることに成功しました。

iPhoneのように、代替産業から多くを学び、自社製品の開発に取り入れれば、新たな市場を創造し、圧倒的なビジネスを展開することも決して不可能なことではないのです。

自社製品・サービスの代わりになるものからコンセプトのヒントを得る

03

パス2：業界内の他の戦略グループに学ぶ

⇩ポジショニングマップで戦略グループを分析する

ふたつめのブルー・オーシャンへのパスは、**「業界内の他の戦略グループに学ぶ」**ということです。

一般的にどの業界でも複数の戦略グループが存在します。

たとえばファッション業界でいえば、ユニクロやGAPなどは、「ファストファッション」と呼ばれ、カジュアルファッションを低価格で提供する戦略グループに分類することができます。一方で、エルメスやシャネル、ルイ・ヴィトン、グッチなどの「ハイブランド」は、高い品質とファッション性を兼ね備えた製品を非常に高い価格で提供する戦略グループに分類することができるでしょう。

自社の属する業界内の戦略グループを把握する場合、**「どの企業がどのような特徴を備えたビジネスを展開しているか？」**を表にした**ポジショニングマップ**を作成するといいでしょう。

ポジショニングマップとは、ふたつの戦略的な特徴を縦軸と横軸にとり、それぞれの企業の位置付けを行っていくツールです。

最もシンプルなグループ分けは、**「価格」と「品質」のふたつを軸にとった分類**になります。

これらの特徴で業界内の企業の分類を行うと、「必要最低限の機能を備えた製品を低価格で提供する企業グループ」と「多くの機能をもつ高品質な製品を高価格で提供する企業グループ」に分けられるでしょう。

⇩他の戦略グループに目を向けよ

通常、企業が戦略を立てる際には、同じグループの企業の戦略にのみ注目する傾向があります。

これは直接の競合という意味で仕方のないことかもしれませんが、同じ特徴をもった企業が同じような戦略で競争をくり広げる結果が、血で血を洗うような激しい争い、すなわちレッド・オーシャンにつながるのです。

そこで、レッド・オーシャンの罠に陥らないためにも、視点を変えて、自社とはまったく異なる戦略グループの行動にも目を配る必要があります。

先ほどのファッションでいえば、これまでユニクロやGAPを着ていた人が、ある時を境にエルメスやシャネルなど、ハイブランド商品を身に着けるようになることも十分にあり得ます。つまり、顧客は同じ戦略グループに留まり続けるのではなく、別の戦略グループへ移っていくことが、日常的に当たり前のように起こっているのです。

こうした、顧客がひとつのグループから別のグループに移行する際の理由を分析することで、新たな製品開発のヒントを得ることもできるでしょう。

他の戦略グループに学びながら新たな市場を切り拓いていくためには、次の質問が重要な鍵を握ります。

図10 ポジショニングマップで他の戦略グループを分析する

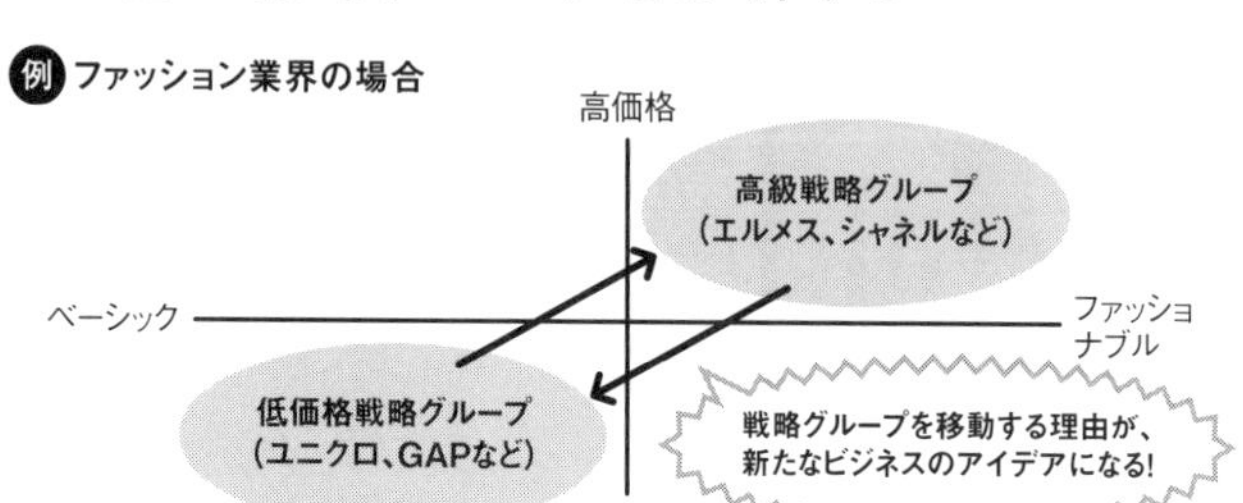

［他の戦略グループに学ぶための質問］

①自社の業界内にはどのような戦略グループがあるか？（ポジショニングマップを作成する）

②顧客が違う戦略グループに移る際の要因は何か？（その理由を分析する）

以下では、業界の他の戦略グループに学んでブルー・オーシャンを切り拓いた事例を見ていきましょう。

⇩事例：「俺のフレンチ」が実現した〝いいとこ取り〟

外食産業において戦略グループを分類すると、ハンバーガーや牛丼など手軽に食事がとれるファストフードレストランと、フランス料理など本格的な食事をゆっくりと時間をかけてとる高級レストランに大きく分けることができるでしょう。

ここで、これまでファストフードを利用していた顧客が高級レストランに行く理由を考えると、雰囲気の豪華さや食事のおいしさなどが挙げられます。また、高級レストランをいつも利用する顧客がファストフードを利用する場合、やはり手軽さが大きな要因と考えられます。

そこで**「食事のおいしさ」**と**「手軽さ」**という別の戦略グループに移る理由に着目し、「ファストフード並みの手軽な値段で高級料理店並みのおいしい料理」を提供することができれば、ふたつの戦略グループの顧客を惹きつけられる可能性が高まってきます。それが、ブルー・オーシャンを開拓する一歩となるのです。

このブルー・オーシャンの可能性に気付き、アイデアを実現して成功を収めたのが「俺のフレンチ」や「俺のイタリアン」で有名な俺の株式会社です。

「俺のフレンチ」や「俺のイタリアン」などでは、高級店並みの料理が非常にリーズナブルな価格で提供されています。コストパフォーマンスが高いこともあり、どの店にも行列が絶えることはありません。

それもそのはず、一般的に外食産業の食材費の割合は30％程度ですが、俺の株式会社が展開するレストランでは、平均でも60％程度であり、なかには90％を超えるメニューもあるなど、食材に非常識なコストをかけています。しかも料理長はミシュランで星を獲得するようなレストランで腕を振るっていた一流のシェフ。

一流のシェフが最高級の食材を使って提供する料理がリーズナブルな価格で食べられるということであれば、人気に火がつかないはずがありません。

ただ、これを普通の高級レストランのようなスタイルで提供すれば、ビジネスとして成り立たないのは明らかです。そこで取り入れたのが〝立ち食い〟という日本伝統のファストフードのスタイル。高級レストランが豪華な店内でゆったりと食事をとり、顧客が1回転しかしないところを、立ち食いにすることで3回転させれば、薄利多売で十分な利益を確保することが可能になるというビジネスモデルなのです。たとえば、高級レストランの顧客単価が3万円であれば、たとえ「俺のフレンチ」の顧客単価が1万円だとしても3回転すれば3万円となり、高級レストランの売上と同じになるという計算です。

通常、このような高品質の製品をリーズナブルな価格で提供するというポジションは実現が難しいこともあり、本当に現実化できればブルー・オーシャンにつながる可能性が高くなります。

現状のビジネスに他の戦略グループから学んだものを取り入れて価値を高める一方で、削れることは削ってコストダウンを目指すことが、ブルー・オーシャンを切り拓く重要な鍵を握ることになるのです。

04 パス3：違う買い手グループにフォーカスする

⇩「利用者」以外に注目せよ

ブルー・オーシャンを切り拓く3つめのパスは**「ライバルと違う買い手グループにフォーカスする」**ことです。

一般的なマーケティング活動では、ライバルと同じターゲット顧客を想定してニーズを把握し、製品を開発していきます。同じターゲットを想定しているので、結果としてどうしても似通った製品が市場に溢れることになり、レッド・オーシャンの罠に陥ってしまうのです。

そんな状況を防ぐために、まずは市場において**「誰が購入に際して最も影響力をもっているのか？」**、**「誰が購入の決定権を握っているのか？」**を慎重に分析することが有効になってきます。そして、ライバルとは違う買い手グループを見極めることができたのなら、そのグループにフォーカスし、ニーズを把握したうえで製品開発を行っていけば、直接の競争を避けることができるのです。

通常、多くの企業は製品を利用する「利用者」と呼ばれる買い手グループにフォーカスします。ただ、製品・サービスを購入する際には、代金を負担する「購入者」や商品の購入にあたってアドバイスをするなど、購買決定に大きな影響を与える「影響者」という買い手グループも存在します。

たとえば、運転免許を取得したばかりの息子に両親が車をプレゼントするケースにおける「利用者」、「購入者」、「影響者」の違いを考えてみます。この場合、「利用者」は車を運転する息子、「購入者」は家計を管理している母親、そして「影響者」は車に詳しい父親となることが多いでしょう。

「利用者」である息子は、斬新なデザインや加速性などがすぐれた車種を望んでいます。一方で、「影響者」の父親は、事故などを心配してデザインや加速性などよりも、安全性に重きを置いています。そして、「購入者」の母親は、やはり安全面を重視して父親の意見に賛同することでしょう。

ここで企業が「利用者」の息子のみにフォーカスして新製品を開発すれば、市場はデザインや加速性を重視した車で溢れかえることになります。

ですが、いつでも購入の決定権をもつのが「利用者」であるとは限りません。「購入者」や「影響者」が決定権をもつ場合には、デザインや加速性よりも安全性を重視したタイプが望まれることもあります。

そこでライバルが「利用者」に目を向けている間に、「購入者」や「影響者」のニーズをくみとった製品を開発し市場に投入すれば、独自路線でブルー・オーシャンを切り拓いていくことが可能になるというわけです。

違う買い手グループにフォーカスすることによってブルー・オーシャンを切り拓くアイデアを考える場合、次の3つの質問をすると効果的です。

図11 違う買い手グループにフォーカスする

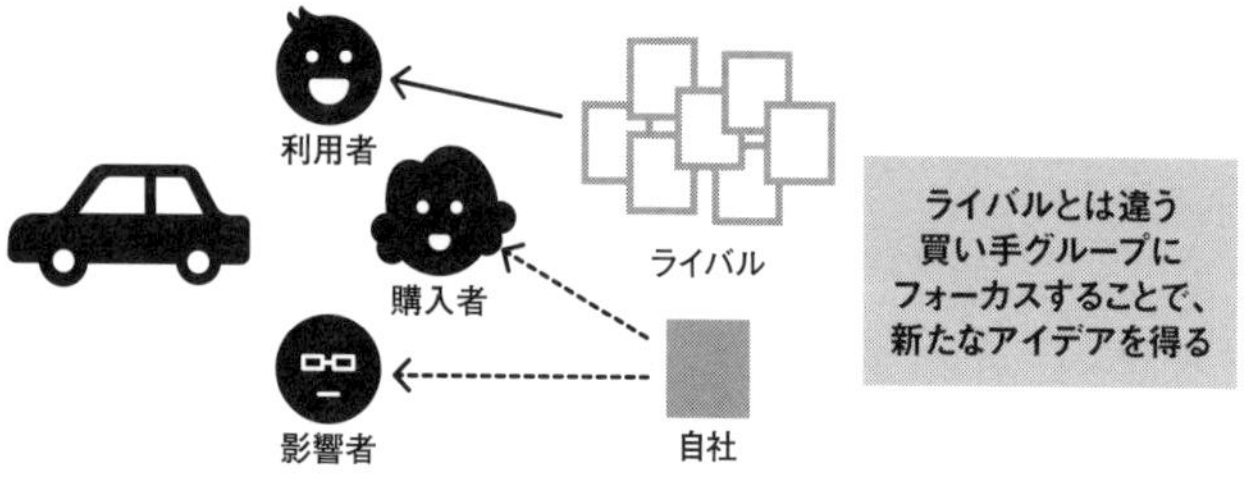

【違う買い手グループにフォーカスするための質問】

①自社が属する業界にはどのような買い手グループが存在するか？
②ライバルはどの買い手グループにフォーカスしているか？
③ライバルと違う買い手グループにフォーカスすれば、新しい価値を生み出せるか？

⇩事例：個人向けにフォーカスした「小型プリンター」

買い手は何も「利用者」、「購入者」、「影響者」だけではありません。たとえば、キヤノンは、それまでライバルが法人にフォーカスしていたコピー機市場で、個人にフォーカスすることで、ブルー・オーシャンを築きました。

1960年代、コピー機の市場では、ゼロックスが主要な特許を押さえて市場を独占していました。他社は特許の壁を切り崩すことは難しいと半ば諦めていましたが、キヤノンはコピー機市場の将来性に着目し、小型化することによって、これまで価格の高さやスペースの関係で購入できなかった個人の需要が取り込めるのではないかという仮説のもと、「小型のデスクトップ・コピー機」の開発に着手します。

そして、1970年には独自技術の粋を結集した日本初の普通紙コピー機「NP1100」を市場に投入。これまでになかった小型のコピー機は顧客の間で評判となり、瞬く間に小型コピー機市場はキヤノンの独占で拡大していくことになるのです。

このキヤノンの事例のように、先ほどの3つの質問をとおして、ライバルが気付いていない買い手グループにフォーカスして、その買い手グループをとことん満足させる製品のアイデアを考えていけば、ブルー・オーシャンを切り拓いていく可能性はどんどん高まっていくのです。

ライバルとは違うターゲットに目を向けることでブルー・オーシャンを切り拓く

パス４：補完財・補完サービスを検討する

05

補完財・補完サービスが本体の価値を高める

ブルー・オーシャンにつながる４つめのパスは**「補完財・補完サービスを検討する」**ことです。

通常、企業は単体の製品・サービスを販売することに注力しています。ところが実際には、補完するものをあわせて提供することにより、飛躍的に製品・サービスの価値が高まることがあります。

たとえばパソコンは、本体だけではあまり価値のあるものではないと感じるユーザーが多いかもしれませんが、インターネットブラウザや文書作成ソフト、表計算ソフトなどと組み合わせることによって、価値が大きく向上していきます。一方、こうしたインターネットブラウザや文書作成ソフト、表計算ソフトなどは、パソコンがなければ利用価値が低いものであり、パソコンの**補完財**と呼ばれるものです。

このように周りを見渡すと、単品よりも他の製品・サービスと組み合わせることによって、大きな価値が生み出されるものが数多くあります。

そこで、自社製品の補完財・補完サービスの存在に気付けば、自社製品の価値を飛躍的に高めて、ブルー・オーシャンを開拓することができるようになるのです。

補完財・補完サービスを検討して、独自の製品・サービスを生み出すためには、次の質問が効果的です。


【補完財・補完サービスを検討するための質問】
①自社の製品・サービスはどのようなシーンで利用されているのか？
②利用中、もしくはその前後はどのような状況になっているのか？
③どこかに顧客は不便を感じていないだろうか？
④もし、不便に感じていることがあれば、補完財・補完サービスを加えることによってその不便を解消できないだろうか？

⇩事例：スターバックスのサードプレイス化

カフェ業界で成長を続けるスターバックスは誰もがご存知のことでしょう。スターバックスの事業はカフェなので、業界の定義からいえば、「コーヒーを提供するビジネスを展開する企業」です。

業界の常識としては、「いかにおいしいコーヒーを提供できるか?」、もしくは「いかに安く提供できるか?」を追求していくことが勝ち残るために必要な戦略といえます。そして、コーヒーという製品単体で勝負していくと、結果として激しい競争に巻き込まれてレッド・オーシャンの罠にはまってしまうのです。

このような不毛な競争に巻き込まれないために、スターバックスは主力製品であるコーヒーだけではなく、補完サービスによって独自のビジネスを築きあげました。それは「コーヒーを飲む環境」です。

コーヒーのおいしさやコストパフォーマンスの高さにのみ力を注ぐのではなく、コーヒーを飲む環境にも気を配れば、顧客にとっての価値は飛躍的に高まることになります。

スターバックスでは、店舗を「ファーストプレイス」である家と、「セカンドプレイス」である職場もしくは学校の中間地点である「サードプレイス」に位置付けています。「サードプレイス」は、家でも職場でもない、自由に優雅な時間を過ごすことのできる場所として、コーヒーだけでない〝体験〟という、より高い付加価値を提供しているのです。

顧客はスターバックスに対して、コーヒーのおいしさはもちろんのこととして、ゆったりと自由にくつろげる環境にも高い価値を感じ、満足度を高めて何度もリピートしたくなるのです。

⇩顧客が望むトータルソリューションを考える

補完財・補完サービスを組み合わせることによってブルー・オーシャンを切り拓く際に重要になってくるのは、「顧客が自社の製品・サービスを利用してどのようなトータルソリューションを望んでいるのか？」を正確に把握することです。

カフェであれば、コーヒーだけでなく、それを飲むという環境もセットにしたトータルソリューションを顧客は望んでいたということになります。

より具体的には、**顧客が自社製品・サービスを利用する前、最中、後でどのような期待をしているのか**を把握し、不満に感じるところを解消する補完財・補完サービスを加えれば、顧客にとっての価値は飛躍的に高まり、ブルー・オーシャンにつながっていくのです。

図12 補完財・補完サービスを検討する

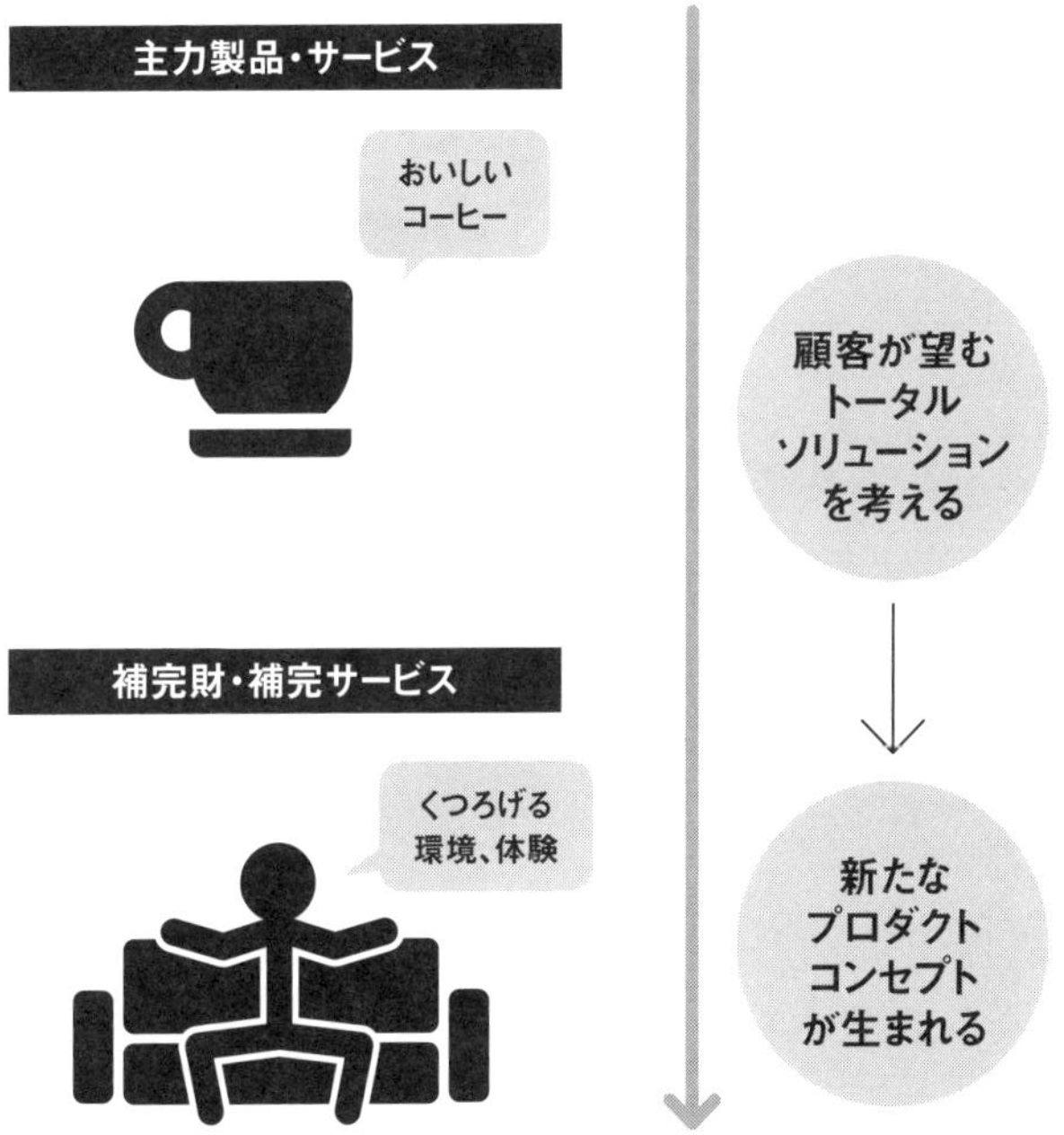

パス5：機能志向と感性志向を切り替える

06

同じ方向性で争っていないか

「機能志向と感性志向を切り替える」ことでもブルー・オーシャンを切り拓くことができます。これが5つめのパスになります。

機能志向とは、製品・サービスの価値が、主に機能によって決定付けられることを表しています。たとえば、パソコンはCPUやハードディスク、メモリなどのスペックで価値が決まるため、機能志向の製品ということができます。

一方で感性志向とは、顧客の感性によって製品やサービスの価値が決定されることであり、ファッションなど顧客一人ひとりの趣味や嗜好によって価値が決まるものが該当します。

一般的に同じ業界においては、機能志向であれば機能面での競争、感性志向であれば感性面での競争がくり広げられています。つまり、同じ方向性でライバルを打ち負かそうと一生懸命になっているのです。

このように同じ方向性で争いを続けていけば、いずれ競争が激化することは想像に難くありません。同じ業界に属する多くの企業がレッド・オーシャンにどっぷりとつかる理由が、ここにあるのです。

レッド・オーシャンから抜け出し、競争のないブルー・オーシャンに漕ぎ出していくためには、**業界とは真逆の方向性——すなわち機能志向の業界であれば感性志向を、そして感性志向の業界であれば機能志向——を目指す**ことが大切です。それにより、自社製品・サービスの独自性を発揮することができるようになるのです。

この機能志向と感性志向を切り替えてブルー・オーシャンを切り拓くためには、次の質問が重要な鍵を握ります。

業界の常識の逆をいくことで、製品・サービスの独自性が高められる

【機能志向と感性志向を切り替えるための質問】

①自社の属する業界は機能志向か？　それとも感性志向か？

②感性志向の場合、機能志向を取り入れるために何をそぎ落とせばいいか？

③機能志向の場合、感性志向を強めるために何を付加すればいいか？

⇩事例：機能志向と感性志向を切り替えて成功を収めたアップルとユニクロ

機能志向の業界で感性志向を取り入れて成功した事例としてアップルのｉＭａｃが挙げられます。

元々パソコンは、ＣＰＵやハードディスク、メモリなどのスペックで価値が決まる機能志向の業界ですが、アップルはこの機能志向中心の業界にデザインという感性を持ち込むことによって、ブルー・オーシャンを築いていったのです。

ｉＭａｃは、15インチのモニターが一体となったケース、キーボード、マウス、そして電源ケーブルやモジュラーケーブルの付属品にいたるまで半透明で統一された、これまでのパソコンの常識を打ち破るスタイリッシュなデザインとリーズナブルな価格が多くのユーザーの心をとらえ、瞬く間に大ヒット商品となりました。

一方で、感性志向の業界で機能志向を取り入れて成功した企業としてユニクロを展開するファーストリテイリングが挙げられるでしょう。

ファッション業界というのは、個人の嗜好が重要視される、典型的な感性志向の業界です。各企業は、いかに最先端のファッショナブルな衣類を提供するかでしのぎを削っています。

この感性志向のファッション業界で、ユニクロは機能志向に舵を切ります。

最初の成功は、軽くて暖かいという機能に着目して、フリースをメイン商品に据えたことでしょう。当時フリースは高級ファッションに位置付けられていて、高いものであれば1着1万円を超えていました。そんな中でユニクロは、自社でデザインから製造、販売までのすべてを行うSPA（Specialty store retailer of Private label Apparel）というビジネスモデルを取り入れ、コストを大幅に削減することによって1900円という驚異的な低価格を実現しました。業界の真逆をいく戦略で、フリースは1年間で2600万枚を売り上げるなど、ユニクロが国内市場で圧倒的なリーダーとなる礎を築くことができたのです。

その後もユニクロは、ヒートテックやウルトラライトダウン、エアリズムなど機能性を追求して成功を収めていきました。

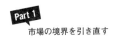

⇩業界の〝逆〟を行け

機能志向や感性志向を切り替えて成功するには、まずは自社の属する業界が機能志向中心なのか、感性志向中心なのかを把握することからスタートします。

通常、機能志向中心の業界の場合、製品・サービスの機能で価値が決まってしまうため、差別化が難しいといえます。つまり、価格以外では顧客にアピールすることができないことが多いのです。

そこで感性志向の要素を取り入れて、無味乾燥な製品・サービスの付加価値を高めていくことで差別化を実現することが可能になります。

一方、感性志向中心の業界の場合、あまり顧客がメリットを感じていないサービスをたくさん盛り込んでしまう過剰サービスが常態化しています。

そこで、ムダなサービスを削り取って、シンプルな製品を目指せば、低価格を実現させ、これまで以上に顧客を惹きつけることができるようになるのです。

図13 業界の常識の“逆”を行く

機能志向中心の業界
例 電化製品など
感性志向の業界
例 ファッションなど
価格以外で
アピールできない
ことが多い
過剰サービスに
陥りがち
感性志向を取り入れる
→付加価値を高める
ムダを削り、低価格を目指す
→差別化を図る

パス６：将来を見通す

07

⇩ミクロな視点からマクロな視点へ

ブルー・オーシャンへの６つのパス、最後は**「将来を見通す」**です。

ビジネスを展開する上で、意識の大半は顧客やライバルに向いているのではないでしょうか。

もちろん顧客のニーズやライバルの動向を注視することは重要なことといえますが、そればかりに意識が集中しすぎると「いかに目の前の売上を伸ばすか？」しか見えなくなり、レッド・オーシャンの罠に陥ってしまいます。

そんな中で、顧客やライバルといったミクロ環境から目を転じて、経済や政治などのマクロ環境を大きな視点で見通すことが、新たな製品のアイデアにつながることがあります。

ここで重要なのは、現在起こっている現象に対応するのでなく、**将来起こり得るマクロ環境の変化が顧客の感じる価値や自社のビジネスモデルにどのような影響**

を与えるのかを理解することです。

こうしたマクロ環境の長期的な観点に立った予測を行うためには、次の3つの条件を満たす必要があります。

①事業に決定的な影響を与えるか？
②決して後戻りしないか？
③はっきりとした軌跡を描きながら進んでいくか？

つまり、この3つの条件を満たす変化は、将来自社の事業に大きな影響を与える可能性が高いのです。

⇩PEST分析によって将来を見通す

将来を予測するにあたって、PEST分析などのフレームワークを活用すれば、重要なトレンドをより簡単に発見することができるでしょう。

PEST分析とは、マクロ環境を政治、経済、社会、技術という4つの観点から自社に与える影響を把握するためのツールです。たとえば、政治面では消費税の増税、経済面では原油価格の下落、社会面では少子高齢化、技術面では人工知能技術の発達など、自社のビジネスに影響を与えそうな要素をピックアップして、どのような対応が必要なのかを検討していくのです。

こうした条件を踏まえながら、将来を見通してブルー・オーシャンを切り拓いていくためには、次のような質問が有効になります。

【将来を見通すための質問】

①方向性のはっきりした後戻りをしないトレンドのうち、自社のビジネスに影響を及ぼす可能性の高いものは何か？
②そのトレンドは、具体的にどのような影響をもつか？
③顧客にかつてない大きなメリットを提供するためにはどんな方法があるか？

この6つめのパスでブルー・オーシャンを切り拓くのが難しいのは、そのタイミングにあります。

まさに適切なタイミングで製品のアイデアを考え出し、適切なタイミングで市場に投入しなければ、ブルー・オーシャンを開拓することはできないからです。

製品の投入が早すぎれば、市場で受け入れられずに事業が育たないまま終わる可能性が高くなりますし、逆に遅すぎれば、ライバルにブルー・オーシャンを開拓され、自社はレッド・オーシャン化した後の収益性の低いマーケットで、不毛な戦いをくり広げなければならなくなるのです。

⇩事例：タイミングのいい参入で時流にのった楽天市場

20世紀最後の大発明といえば、インターネットといっても過言ではないでしょう。21世紀に入りインターネットは急速な発展を遂げて、私たちの生活を大きく変えることになります。

1990年代後半のインターネット黎明期、何社かの大企業は「これからインターネットを介して買い物をする時代が来る」

図14 PEST分析で将来を見通す

Politics（政治）	消費税の増税 社会保障負担の増大
Economy（経済）	原油価格の下落 新興国でのバブルのリスク
Society（社会）	少子高齢化 健康志向の高まり
Technology（技術）	人工知能技術の広まり ビッグデータ解析の発達

→ マクロ環境の大きな変化は自社のビジネスにどのような影響を与える？

将来を予測し、トレンドにマッチした独自のアイデアを考えると確信し、オンラインショッピングモールを立ち上げます。

ところが、事業参入のタイミングが早すぎて、投資コストに対して十分な売上をあげることができずに、ほとんどの企業が撤退することとなります。

そんな状況下で、市場を切り拓いていったのが楽天です。

楽天は、日本興業銀行（現みずほ銀行）を退職した三木谷浩史氏が１９９７年に創業。すでに大手企業が挑戦し、失敗の山を築いたオンラインショッピングモールの世界であえて勝負することを決意します。

しかし、楽天は後発組。先行組とは違うビジネスモデルを取り入れなければ、成功はあり得ません。

そこで三木谷氏がフォーカスしたのは、低料金、素人でも更新できるホームページ作成ツール、売り方を伝える、という3点でした。

すでに大手メーカーや流通業者は、他の大手企業と組んでインターネット販売を始めています。そのため、楽天が組める相手は中小企業が中心。そこで、当初は楽天市場に出店する利用料を「初期費用なし、25品目までなら月額5万円」という、シンプルでわかりやすい低価格に設定し、多くの出店者を確保することにつなげます。

また、多くの中小企業では、インターネットの専属担当を置く余裕はなく、ホームページの更新もままならない状況でした。この問題を解決するために、楽天は素人でも簡単に更新できる独自のツールを開発し、出店者の負担軽減を図ったのです。

さらに楽天は、出店者に「何を売るのか？」ではなく、「どのようにすれば売れるのか？」という売り方を教えることに力を注ぎます。インターネットでは、カタログをホームページ上にアップするだけでは商品は売れません。顧客視点で購買意欲が高まるようなメッセージやデザインが重要です。

そこで出店者に、売れるホームページのつくり方や販売後のオペレーションなどを学んでもらうことで、確実に成果があがるようなしくみを整えていきました。

こうして成果があがれば、次々と出店希望者が増え、さらに売上は増えていくという好循環のサイクルを実現できたのです。

後発であるがゆえの考え抜かれたビジネスモデルと、インターネットの普及のタイミングが重なり、楽天のビ

世の中の動きをタイミング良く取り入れることでブルー・オーシャンを築く

ジネスは急速に拡大し、オンラインショッピングモールというマーケットでブルー・オーシャンを切り拓き、確固たる地位を確立できたのです。

Part 2

新たな需要を掘り起こす

Story 2
ターゲットを広げよ
わい
わい
すごい人！
結構有名な絵画も来てるからね
ステキ～
ピロン♪
お客さまっ！
ずい
申し訳ございませんが館内は撮影禁止となっております
えっ

日本の美術展は写真撮影が禁止なんですね…
フランスでは大丈夫だったから……
まあみんなに撮影を許可していたら
フラッシュで絵画が傷んだり混雑の原因になったりいろいろと問題が起こるんじゃないのかな
見て見てスカイツリー!!
ここからの景色キレイだねー
ほんと!写真撮ろう!
パシャッ!

ジーーッ
ジワァ
メッセージ書いて交換しよう!
いいねー!!
あれ いま流行ってるらしいですよー
へえ アナログ回帰ってやつかな
ん?
カメラ……
アナログ回帰……

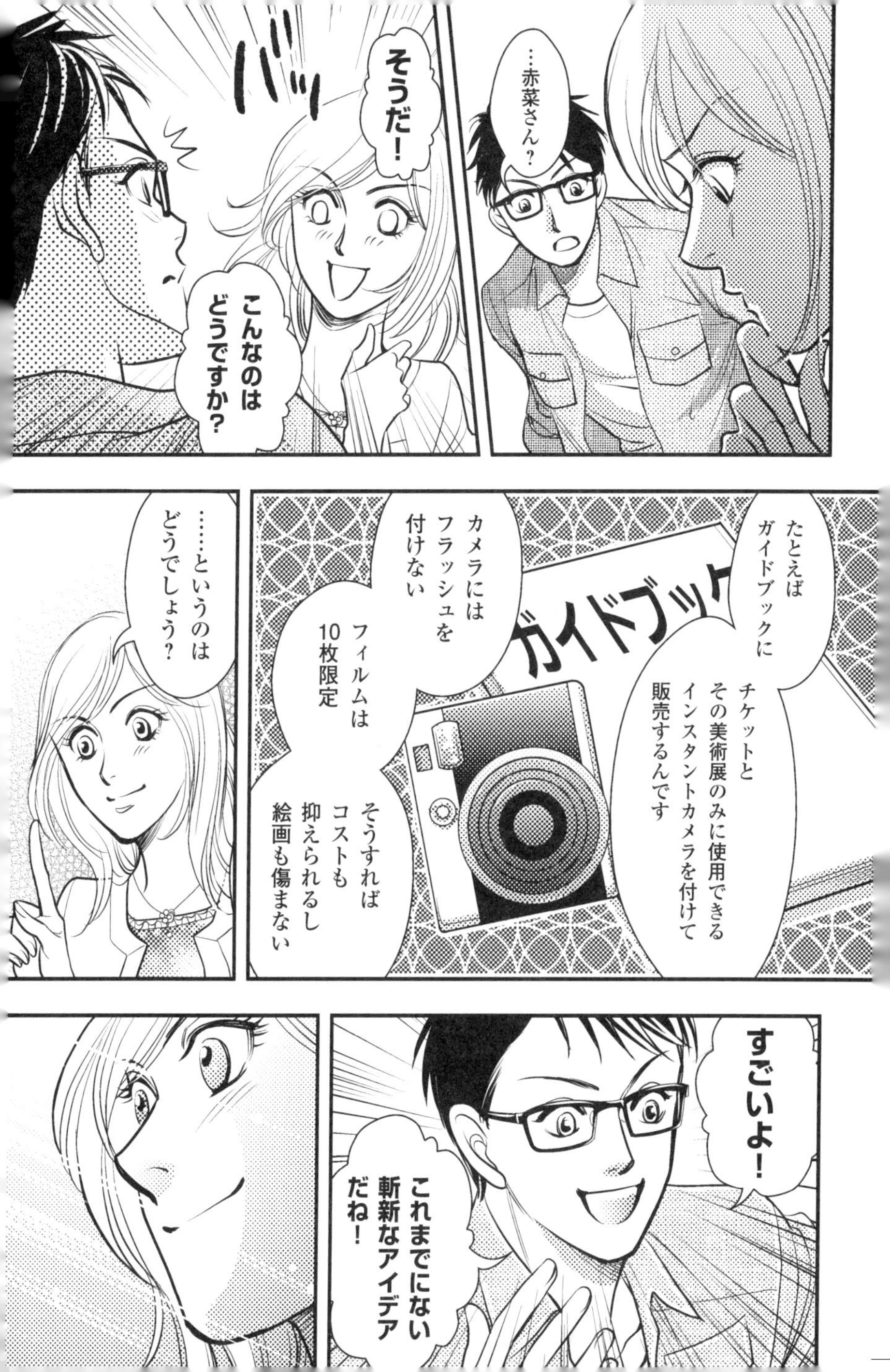
…赤菜さん？
バッ
そうだ！
こんなのはどうですか？
たとえばガイドブックに
チケットとその美術展のみに使用できるインスタントカメラを付けて販売するんです
ガイドブッ
カメラにはフラッシュを付けない
フィルムは10枚限定
そうすればコストも抑えられるし絵画も傷まない
……というのはどうでしょう？
すごいよ！
これまでにない斬新なアイデアだね！

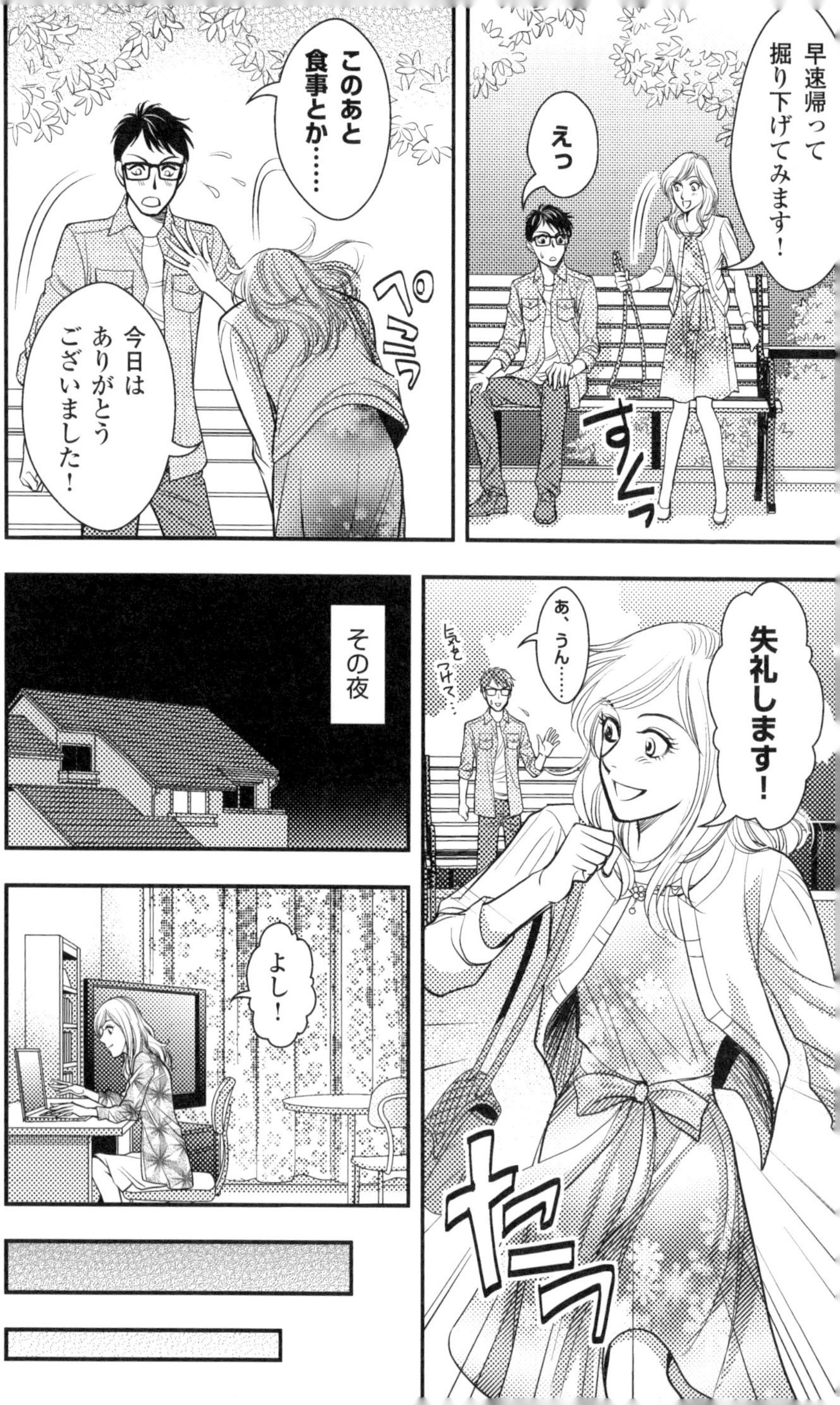
早速帰って掘り下げてみます！
えっ
すくっ
このあと食事とか……
今日はありがとうございました！
ペコッ
失礼します！
あ、うん……
気をつけて…
ターッ
その夜
よし！

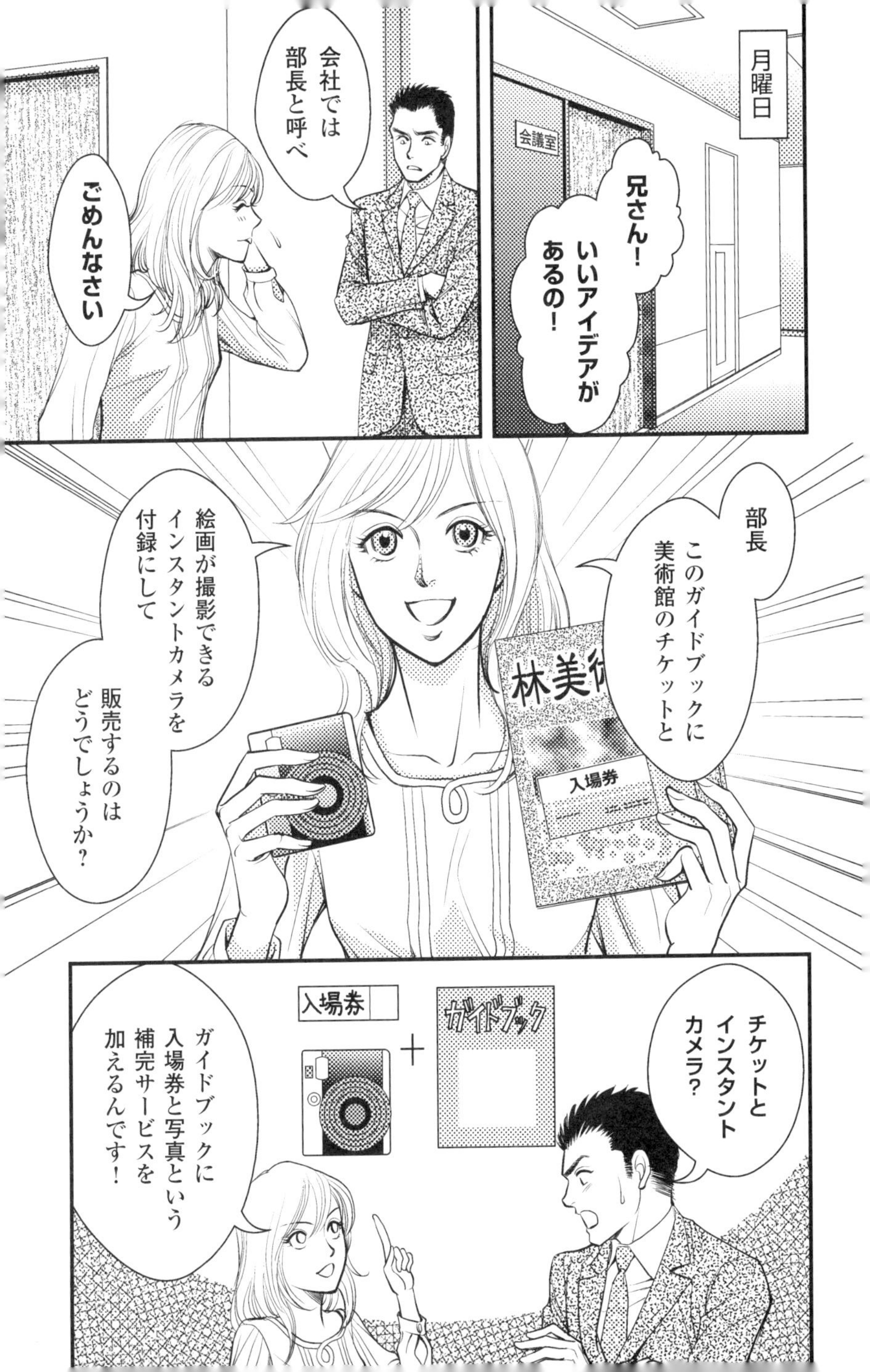

月曜日
兄さん！ いいアイデアがあるの！
会議室
会社では部長と呼べ
ごめんなさい
部長 このガイドブックに美術館のチケットと
林美術
入場券
絵画が撮影できるインスタントカメラを付録にして 販売するのはどうでしょうか？
チケットとインスタントカメラ？
入場券
ガイドブック
ガイドブックに入場券と写真という補完サービスを加えるんです！

それはいいアイデアかもしれないが……
これで本当に大ヒットは望めるのか？
むむ…
えっとそれは……
カタ カタ
カタッ
ターゲットを絞らずにすべての人を対象にすればなんとかなるはず…
すべての人？そんなことできるのか？
まずは莫大な数の非顧客を３つのタイプに分類して
それから違いではなく共通のニーズを考えていくの

非顧客タイプ①
機会があれば他の業界の製品・サービスに切り替えたいと思っているグループ
たとえば美術館だと
いまは一応美術館めぐりをしているけど
他におもしろいことがあればそっちを優先してしまう顧客ってことか
美術館
美術館
こっちがおもしろ〜い
他のおもしろいこと

非顧客タイプ②
あえて自社の業界の製品・サービスを利用しないと決めたグループ
あえて美術館に行かず他のテーマパークなどに行ってしまった顧客か
美術館
やっぱりこっち!!
テーマパークなど

非顧客タイプ③
業界からまったく顧客の対象と思われていないグループ
美術館
プイ
美術館にまったく興味がない人たちか
こうなるとターゲットは通常よりも広くなるから
既存顧客を含めた共通のニーズにフォーカスしていく必要があるの
共通のニーズというと……？
美術館に対する共通のニーズは
本物に触れたい
感動したい
記録や記憶に残したい
ってものが考えられるわ
ふむふむ

なるほど…
これだけ ターゲットが広がれば もしかしたら もしかするかもな！
あっ でも……
このアイデアを 商品化するには
まだまだ 乗り越えなきゃ いけない 数々の課題が……
よし
オレにできることが あればなんでも 言ってくれ！
なんせ我が社の 命運がかかった プロジェクトなんだから
ありがとう！ さすが 兄さん！

こうしてふたりは美術館や海外メーカーとの交渉を始めた
しかしそれは困難を極めた
――だが、やがて
亮と愛の粘り強い交渉の結果なんとか色よい返事をもらうところまで漕ぎ着けた

ガチャッ
はい
赤松出版の
赤菜でございます
……はい……
はい……
……ありがとう
ございます！
カチャ、
…やった……
やったー！
美術館の
OKが出た！
パア
これで
ブルー・オーシャンへの
第一関門突破！

01 ブルー・オーシャンはどこにあるのか？

⇩セグメンテーションの問題点

ブルー・オーシャンへのパスが見つかれば、次は誰に売るのかを見極めていくことになります。

ブルー・オーシャンとは、競争相手のいない大きな市場を意味しますから、ターゲットを定める際は、ライバルとは重ならない顧客を見つけていかなければなりません。つまり、これまで業界で競争がくり広げられてきた市場にとらわれることなく、新たな需要を掘り起こす方法を考えなければならないのです。

通常、「誰に売るのか？」を決める際、市場を年齢や職業、ライフスタイルなどに応じて、細かく分類していきます。たとえば、女性向けのファッション雑誌であれば、20代、30代、40代など年齢で市場を細分化し、それぞれのターゲット顧客が関心をもつような雑誌づくりを行います。

ここで細分化されたそれぞれの小さな市場は「セグメント」と呼ばれ、同じ特徴をもつ顧客の集合体（グループ）となります。このように同じ特徴をもつグループに分類することによって、顧客のニーズが絞り込まれ、ニーズを満たす製品開発がしやすくなるというわけです。

このように市場を細かく分類していく手法はセグメンテーションと呼ばれています。

セグメンテーションは、ビジネスを成功に導くうえで非常に効果的な方法ですが、同時に問題を含んでいます。

それは、**ビジネスを展開するマーケットが小さくなる**、そして、**ライバルと同じセグメントを選んでしまうと、少ない顧客を奪い合うことにつながる**という点です。

⇩非顧客に目を向けよ

ブルー・オーシャン戦略では、市場を細分化して規模が小さくなるリスクを避けるため、ターゲットを年齢や職業、性別などで絞り込んでいくセグメンテーションは行いません。逆に、これまでライバルがあまり重要視してこなかった非顧客層に広くアプローチしていくのです。

すでにお伝えしたように、顧客と非顧客を比較すれば圧倒的に非顧客のほうが数は多く、**ライバルが積極的に開拓しようとしない非顧客の顧客化**に力を入れることによって、広大な市場を切り拓き、ブルー・オーシャンを創造できるのです。

ブルー・オーシャン戦略では、市場全体を潜在顧客と考えます。それによって、通常のマーケティングが抱える規模のリスクから解き放たれることになります。

このような市場の細分化を行わないブルー・オーシャン戦略の手法は、マーケティングのセグメンテーションに対して、**「脱セグメンテーション」**と呼ばれています。

ブルー・オーシャン戦略は、小さな池のような市場で小さなビジネスを展開するのではなく、大海原を悠々と航海するように、ライバルのいない市場で大きなチャンスを狙っていくことなのです。

ターゲットをあえて絞らないことがブルー・オーシャンの開拓につながる

非顧客を分類する 02

非顧客の3つの種類

従来の市場の外に、いかに広大な市場が存在していたとしても、「非顧客」ということは自社製品を必要としない顧客グループであり、顧客化するのは決して容易ではありません。しかも対象となる非顧客は膨大な数にのぼるので、体系的なアプローチが欠かせません。

そこで、この膨大な非顧客を3つのグループに分類していきます。

非顧客の第一グループ――不安定な顧客

まず、第一グループは、現在自社が属する業界の製品を利用してはいるけれども、他の業界の製品ですぐれたものがあれば、すぐにでも他の業界へ移っていく顧客層です。自社が属する業界が提供する製品に対するロイヤルティが希薄で、**現在は一応顧客ではあるものの、非常に不安定な存在**を第一グループの非顧客層ということができます。

このグループを狙って大きな成功を収めたのがソニーの「ウォークマン」です。元々は、創業者である井深大氏の「海外出張の際にステレオで音楽が聴きたい」という要望を受けて開発がスタートした製品です。当時、自宅ではステレオで音楽を聴くことができましたが、外出先では小型のテープレコーダーを使ってモノラルでしか再生できませんでした。すなわち音楽の愛好家は、外出先では音質を犠牲にしていたのです。そのような中で、「外出先でも高音質で音楽を楽しみたいユーザーは多い」という確信をもち、開発に取り組んだのが「ウォークマン」でした。

　発売当初こそ、消費者がどのような製品かイメージできなかったこともあり販売に苦戦したものの、芸能人など市場に影響力

図15　非顧客を3つのグループに分類する

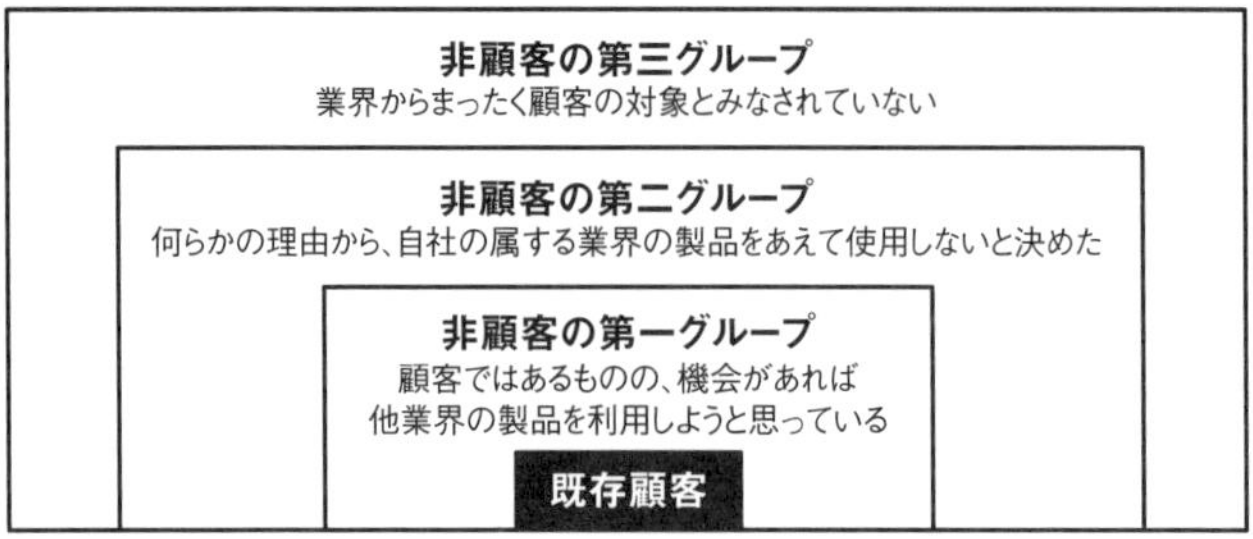
非顧客の第三グループ
業界からまったく顧客の対象とみなされていない
非顧客の第二グループ
何らかの理由から、自社の属する業界の製品をあえて使用しないと決めた
非顧客の第一グループ
顧客ではあるものの、機会があれば
他業界の製品を利用しようと思っている
既存顧客

のあるユーザーに実際に使ってもらい、その魅力を発信してもらうプロモーションが功を奏し、外出先で音楽を聴くことに不便を感じていたユーザーを取り込み、大きなヒットとなりました。

⇩非顧客の第二グループ――あえて利用していない顧客

続いて非顧客の第二グループは、何らかの理由から、自社の属する業界の製品をあえて使用しないと決めた人々です。本来は自社の提供する製品を必要としているものの、あえて他業界の製品で代用しているというのが、この第二グループの特徴です。代用の理由はさまざまで、たとえば製品自体に満足できない、価格が高すぎるといった理由が考えられるでしょう。

このグループにフォーカスして市場を切り拓いた例として、「キリンフリー」があります。これは、まったくアルコールを含まない業界初のノンアルコールビールです。

通常、アルコール飲料を生産している企業が、アルコールを含まない飲料を開発することと自体が考えられないことかもしれません。しかし当時は、飲酒運転による事故が社会問題化していた時代。「ビール業界の社会的役割を真剣に考えた結果、アルコールをまったく含まないビールを開発すべきだ」という若手社員の意見に経営陣が

賛同し、プロジェクトがスタートすることになったのです。

「キリンフリー」は、ビールを飲みたくても飲めない人々にフォーカスしました。本当はビールを飲みたいけれども、あえて他の飲料を選んでいた非顧客層（たとえば、飲み会に車で来ている顧客など）に支持されたことはもちろんですが、妊娠中でアルコールを飲めない女性など、想定外の非顧客層を取り込むことにも成功します。

結果として、ノンアルコールビールという業界初の試みは、ブルー・オーシャンを切り拓き、予想を大きく上回る売上へとつながっていきました。

⇩非顧客の第三グループ——見落とされていた顧客

非顧客の第三グループは**これまで業界でまったく顧客の対象とみなされず、見落とされてきた人々**になります。常識的に考えて、自社が属する業界の製品・サービスを使用するとは考えられないため、業界内のどの企業もアプローチしてこなかった顧客層ということになります。

このグループを取り込むことに成功した事例として挙げられるのはＪＩＮＳで、元々は低価格のメガネを武器に急成長を遂げた企業です。

メガネといえば、視力の悪い人がよく見えるように矯正するための道具であり、メガネ業界において、視力のいい人は顧客とは考えられてきませんでした。

ところがＪＩＮＳは、私たちの生活に欠かせない、パソコンやスマートフォンの画面から出るブルーライトに着目。可視光線の中でも波長が最も短く、エネルギーが強いブルーライトは、眼の奥の網膜にまで到達し、目の疲れや肩こり、睡眠不足などの原因になるといわれています。そこでＪＩＮＳは、人体に悪影響を及ぼすブルーライトをカットするメガネ「ＪＩＮＳ ＰＣ」を開発し、市場に投入。結果として「ＪＩＮＳ ＰＣ（その後ＪＩＮＳ ＳＣＲＥＥＮへ改良）」は、これまでメガネをまったく利用する必要のなかった視力のいいユーザーまで取り込むことに成功し、累計６００万本を超えるヒットとなりました。

他にもＪＩＮＳは、花粉をカットする花粉対策メガネを開発するなど、これまで顧客と思われてこなかったグループにまでターゲットを広げ、ブルー・オーシャンを切り拓いていったのです。

非顧客を顧客化することで市場が拡大する

03 非顧客への
アプローチ手法

⇩共通のニーズを探れ

これまでに、無数に存在する非顧客層を3つのグループに分類してきました。

ブルー・オーシャン戦略では、ライバルが力を入れることのない非顧客層にフォーカスして、ビジネスを展開していくことになります。既存の顧客に焦点を当てれば、ライバルとの激しい競争をくり広げるレッド・オーシャンでの戦いに陥ってしまいます。しかし、ライバルが見向きもしない顧客層をメインターゲットにすることで、競合相手が存在しないブルー・オーシャンを開拓できるというわけです。

もちろん、これまでどの企業も開拓してこなかった非顧客を顧客化することは、そう簡単なことではありません。数も膨大なだけに、非顧客が望むものを提供するにしてもニーズは多岐にわたるはずです。

そこでブルー・オーシャン戦略では、**3つの非顧客グループの違いにフォーカス**

するのではなく、各グループに共通したニーズやウォンツを見極めていくことに力を注ぎます。

「なぜ、第一グループは他の業界の製品・サービスにより関心を示すのか？」
「第二グループがあえて自社の属する業界の製品・サービスを使わない理由は何か？」
「どのようにすれば、これまで顧客としてまったく考えてこなかった第三グループを惹きつけることができるのか？」

こうした質問をとおして、各グループの特徴を掘り下げていきます。そして、共通するニーズやウォンツを探し出して製品開発に活かしていくのです。

⇩事例：「ファッション雑誌」における共通のニーズとは？

ここで、「ファッション雑誌」を事例に、３つの非顧客層に共通するニーズやウォンツを発見してみましょう。

まずは非顧客層の分類を行います。

ファッション雑誌の読者で非顧客の第一グループといえば、いまはなんとなく雑誌を購入しているものの、他のメディアで安価に同様の情報が手に入るなら購入をやめ

ようと考えている顧客が当てはまります。

第二グループは、あえて雑誌を購入しない人々。たとえば、インターネットなどで情報を入手する顧客層が当てはまるでしょう。

そして、最後の第三グループは、ファッション雑誌に価値を感じることがなく、これまでまったく購入したことのない人々が当てはまります。

次は、これらの非顧客がなぜファッション雑誌を必要としないのか、その理由を明らかにしていきます。

理由としては、次のようなことが考えられそうです。

「インターネットであれば、簡単に欲しい情報が得られる」

「インターネットの情報と質があまり変わらず、ファッション雑誌を購入する必要がない」

「ファッション雑誌に掲載されているものを購入するお金がなく、無駄だ」

すべての非顧客グループにおける共通点が見つかれば、ブルー・オーシャンを切り拓く大きなヒントを得ることができます。

図16 「ファッション雑誌」における非顧客の分類と共通するニーズ

非顧客グループ	特徴	非顧客の理由
第一グループ	ファッション雑誌の購入を極力やめたい	欲しい情報が載っていない、価格が高い
第二グループ	インターネットから情報を仕入れているため、あえてファッション雑誌は購入しない	インターネット情報と質が変わらない、お金を払う価値を感じない
第三グループ	ファッションには興味がない	情報に価値を感じない、掲載されているファッションを購入するお金がない

・非顧客の理由から共通するニーズを探る

→単なる情報だけでなく付加価値の高いものが欲しい
→適切な価格で提供して欲しい

たとえば、3つのグループに共通する雑誌を買わない理由に着目すると、情報だけでなく、何か付加価値があるものをあわせて提供し、さらに価格をリーズナブルな水準に設定することで、非顧客を顧客に変えるアイデアを導き出すことができるでしょう。

これは、宝島社が実際に行った取り組みのひとつです。

出版不況が叫ばれ、次々に雑誌が休刊に追い込まれる中、宝島社はブランド小物などの付加価値の高い付録をつけるとともに、価格をコンテンツに応じてフレキシブルに変更しました。その結果、これまでファッション雑誌を購入しなかった非顧客を取り込み、100万部を超える発行部数を達成できたのです。

⇩共通のニーズに着目してブルー・オーシャンを切り拓く

このようにして、各グループ特有のものではなく、共通のニーズやウォンツを探し出し、それをベースにコンセプトやビジネスモデルを検討すれば、より大きなマーケットにおけるビジネスの展開が可能になります。

そして、この非顧客層という膨大なマーケットにおいて共通のニーズを満たす製品・サービスを投入することこそが、ブルー・オーシャンを開拓する大きなポイントになるのです。

ただし、何もいきなり3つの非顧客グループすべてを対象にする必要はありません。ひとつのグループから始めて、徐々に他のグループへとビジネスを拡大してもいいのです。

重要なことは、既存の顧客に執着せず、これまで業界が力を入れてこなかった非顧客層に着目することです。

非顧客における共通のニーズやウォンツを探り出し、それをも満たす製品・サービスを生み出すことで、ブルー・オーシャンという広大なマーケットを開拓することが可能になるのです。

Part 3

効用を高め、爆発的に売れる価格を見極める

Story 3
100万部超の戦略を立てよ
とある本屋
AllBooks
ここを見ると
書店さんの売りが
わかるんだよ
なるほどね!
書店めぐりって大切なんだね
そうなんだよ
そうだ 例のガイドブックの件だが
ブルー・オーシャン戦略では 価格はどうやって考えるんだ?
それは プライス・コリドー・オブ・ザ・マス
えっと… この戦略では 価格もちょっと特別な フレームワークを 使うの

プラ……？
コリュ……？
ところで兄さんは
いつも価格をどんなふうに決めるの？
ん
そうだな……
価格
希望する利益
コスト
かかったコストに希望する利益を上乗せして決めるが…
それはコストプラス方式と呼ばれる方法ね
あまり競争の関係ない業界では効果的な価格設定の方法ね
価格
コスト 1
＋
コスト 2
＋
コスト 3
一方でこの戦略では
価格マイナス方式
戦略価格
目標利益
まずは価格を決定し、そこから目標となる利益を差し引いた金額が目標コストとなる
目標コスト
まずはインパクトのある価格を決めてから後で利益の出るコストまで引き下げていく
価格マイナス方式で数字を決定していくの

そんなやり方もあるのか……
へー
ここでは3つの製品の価格帯を参考にしながら
最も影響力の大きい価格に決定していくのよ
①同じ形態・機能をもつ製品
②形態は異なるが同じ機能をもつ製品
③形態や機能は異なるが目的が同じ製品
なるほどな…
ふつうはライバル製品の価格を調査するだけだけど
ブルー・オーシャン戦略では3タイプの価格帯から最も顧客が魅力を感じる価格を決めていくのか

①同じ形態・機能をもつ製品
他の出版社のガイドブックや美術関連の書籍の価格帯
ボリュームゾーンは2000円前後
チケット代を足すと3600円程度
②形態は異なるが同じ機能をもつ製品
書籍ではないが美術展のガイド機能をもっている製品
つまりインターネットの価格帯
次の休みはどこの美術館に行こうかなー
ボリュームゾーンは0円
チケット代を加えると1600円あたり
③形態や機能は異なるが目的が同じ製品
楽しい時間を過ごすという目的の製品
たとえばアミューズメントパークとか映画、コンサート、旅行の価格帯
ボリュームゾーンとしては7000円前後

これをもとに最も適切な価格を設定すると……
うーん…
最もインパクトのある価格は1600円だが……
うちの利益はまったくなくなる……
ということはやはり3600円が妥当……か
お下げしまーす
そうよね……
バン
よし
ガタッ
明日の会議はこの価格で提案しよう
兄さんここお店!!
あっ

翌日――
新製品開発会議
スー…
ハー…
大丈夫……!
どーぞ
それでは第1回目の新製品開発会議を始めます
私たちが考えた新製品のアイデアはチケットとインスタントカメラ付きのガイドブックです
パッ
Guide Book

現状
わが社が出しているこのガイドブックは中身が素晴らしいのに売れていません
顧客は価値を感じていないのです
カチン
林美術館
そこでチケットとこのインスタントカメラをセットにして販売するアイデアを思いつきました
Guide Book
そんなガイドブック聞いたことはない
実現できるのか？
すでに美術館とは話がついています
インスタントカメラも海外の業者に格安で提供してもらえるよう交渉済みです

一体いくらで納入してもらえるんだ?
1個あたり100円です
ただこの価格を実現するには100万個のオーダーが必要です
100万個!?
君はこのガイドブックの販売部数を知っているのか?

はい
それじゃあ100万部も売れないことくらいわかるだろう?
まったくこれだから素人は困るんだ!
まあまあ松浦
もうちょっと話を聞こうじゃないか
話い!?
はい!話はまだあるんです
これから100万部売れる根拠をお伝えします

美術館
昨年日本の美術展で最も入場者数が多かったものは１００万人弱です
私たちが扱う美術展は同じくらい話題性のあるものですから
チケット付きということであれば売上は同程度見込めます
加えてこのガイドブックには10枚しか撮れない使い捨てのインスタントカメラが付いています
美術展の絵画を手元に置きたいというニーズは根強くあり
10枚限定ということであれば3カ月の開催期間中このガイドブックを何冊か購入して
違う絵の写真を残したいという人も多く現れることを想定しています

さらにこのガイドブックはアルバムにもなり
保存版という点も訴求できると考えています
また流通は従来の書店だけではなく
新たにコンビニや美術館インターネットなど
幅広くカバーし販売を促進していくつもりです
以上のデータから100万部は堅いのではないかという結論に至ったわけです
……
データはわかった
ところでこのガイドブックはいくらで売る気なんだ?

はい
3600円を予定しています
3600円!?
ガタッ
1500円でも少ない部数しか売れないのに
チケットとインスタントカメラを付けただけで3600円が100万部も売れるというのか?
赤菜くん!
たしかインスタントカメラは1個あたり100円といったね!?
ただそれを100万個仕入れれば代金は1億円だ!!

もし思うように売れなければ大きな赤字になるんだぞ！
そのリスクはどう考えているんだ！
返品のことは考えているのか！
印刷代は！
在庫を保管する倉庫代は!?
……それは……
答えられないじゃないか！
それが実際にビジネスを経験してきた者と
机上の空論でしか学んでいない者との差だ！
ガタン
失礼する！
ま、待ってください松浦専務！

愛……残念だが
松浦の指摘した通りだ
ポン
父さ……

01 正しい順番で戦略を考える

⇩戦略を考える4つのステップ

これまで、ブルー・オーシャンにつながる6つのパスを検討し、より多くの顧客を獲得するために、既存顧客以外の広大なマーケットを切り拓く方法を探ってきました。

続いてはブルー・オーシャン戦略を組み立てていくプロセスに入っていきますが、ここでは**「正しい順序で戦略を考える」**ことが重要になってきます。

ブルー・オーシャン戦略を成功に導くためには、次の順番で戦略を考えていく必要があります。

このPartではステップ1とステップ2の考え方をお伝えしていくことにしましょう。

図17 戦略を考える4つのステップ

ステップ1
買い手にとっての効用を高める
使用するフレームワーク：「効用マップ」
P.142参照

ステップ2
戦略的な価格を設定する
使用するフレームワーク：「プライス・コリドー・オブ・ザ・マス」
P.155参照

Part3で解説

ステップ3
コスト戦略を考える
使用するフレームワーク：「価格イノベーション」
P.190参照

ステップ4
実現への手立てを確認する
使用するフレームワーク：「BOIインデックス」
P.212参照

Part4で解説

02 効用マップを活用してビジネスモデルを構築する

⇩「効用マップ」とは？

ブルー・オーシャンを切り拓く新たなビジネスモデルを組み立てるにあたって、最初に行うことは、**「顧客にとっての効用を高める」**ことです。

効用とは聞き慣れない言葉かもしれませんが、簡単にいうと「満足」、もしくは「メリット」と言い換えることができるでしょう。

多くの顧客を惹きつけるためには、ブルー・オーシャン戦略によって生み出された新たな製品が、これまでのものとは比べものにならないくらいの効用を実現していなければなりません。それゆえ、「この製品はどんなことがあっても購入したい」と思ってもらえるようになるのです。

この買い手にとっての効用を高めるために、ブルー・オーシャン戦略では**「効用マップ」**というツールを活用します。

効用マップとは**横軸に顧客の経験ステージ、縦軸に顧客にメリットを与える６つ**

図18 買い手の効用マップ

効用を生み出す6つのテコ ＼ 顧客経験の6つのステージ	1 購入	2 納品	3 使用	4 併用	5 保守管理	6 廃棄
顧客の生産性						
シンプルさ						
利便性						
リスク						
楽しさや好ましいイメージ						
環境への優しさ						

（参考：『[新版]ブルー・オーシャン戦略』 P.187）

買い手の効用マップを活用すれば、顧客がどのステージでどのような効用を望んでいるのかが一目瞭然となり、効用を高めるポイントが明らかになる

のテコ（要素）を配置したマトリクスです。

顧客の経験ステージでは、顧客が製品の購入を決める段階から廃棄するまでのプロセスを細かく分けていきます。

一般的に顧客は、製品を購入すると、その納品を待ちます。そして購入した製品が納品されると、使用を開始し、その製品が単独で使用できない場合は他の製品と併用して使うことになります。それから、その製品を使用している間は保守管理を行って、最後に使えなくなった段階で廃棄処分を行うというプロセスを経ていきます。

つまりこの場合、顧客の経験ステージは「購入」、「納品」、「使用」、「併用」、「保守管理」、「廃棄」という6つで表すことができます。

一方、この6つの顧客の経験ステージにおいて、「生産性」、「シンプルさ」、「利便性」、「リスクの低減」、「楽しさや好ましいイメージ」などの要素（テコ）を加えることによって、買い手の期待や満足度を飛躍的に高めていくことができるようになります。また、最近ではこれらの要素に加えて「環境への優しさ」といった、社会貢献的な要素も顧客の効用を高めるために有効になってきています。

このように**効用マップでは、顧客がどの経験ステージでどんな不便を感じている**

か、そしてどのような要素を加えれば、その障害を解消して効用を高められるのかを整理することができるのです。

効用マップを活用して、磐石なビジネスモデルを構築することは、ブルー・オーシャンを切り拓くための重要なステップとなります。

03 効用マップの活用法

顧客の経験ステージを洗い出す

それでは、実際に効用マップを活用して、顧客の効用を高めていくアイデアを考えていくことにしましょう。

たとえば、顧客が自動車を購入する場合の経験ステージを洗い出していきましょう。

まず、顧客はディーラーを訪れ、試乗などを経て欲しい自動車の購入契約を結びます。そして、支払いを済ませると納車を待ちます。納車が済むと、自動車保険の契約を結び、車にガソリンを入れ、カーナビを頼りにドライブを楽しむことでしょう。それからしばらく経てば、ディーラーに車を持ち込んで定期点検を行います。そして、数年後には買い替えのため、いまの車をディーラーに持ち込んで下取りしてもらい、新しい車を購入するというステージへと移っていくのです。

このような経験ステージを簡単にまとめると、「購入」、「納品」、「使用」、「併用」、「保守管理」、「廃棄」という6つのステージで表すことができるでしょう。

これは、すでにお伝えした一般的な顧客の経験ステージと同様といえます。

この6つの顧客の経験ステージは形のある製品を対象としていますので、形のないサービスの場合、まったく違うステージとなることもあります。

たとえば、マンガの中で顧客が経験するのは美術展でしたが、この場合は、チケットを購入する「購入」、観覧前に情報収集する「情報収集」、そして美術館を訪れて「観覧」し、観覧中に音声ガイドなどを「併用」する、そして、観覧後に見た美術品の感想などを「整理」するというプロセスを経ていきます。

つまり、美術展を訪れる顧客の経験ステージは、「購入」、「情報収集」、「観覧」、「併用」、「整理」ということになり、自動車を購入する顧客の経験ステージとは違ったものになることがわかります。

このように製品・サービスによって内容が異なるため、まずは自社の顧客の経験ステージを考えてみるといいでしょう。

⇩顧客の障害を把握する

顧客の経験ステージが明らかになったら、各ステージにおいて、**顧客に心理的障害がないか**をチェックしてみましょう。ここで、もし顧客がなんらかの障害を感じ

ていれば、購入に至るまでの高いハードルになっている可能性があると考えられます。

たとえば、自動車を購入しない顧客は、経験ステージのいずれかの段階で購入を躊躇すべき理由があるといえるでしょう。

まずは購入段階を検証してみると、このステージで自動車という高額商品に対するリスクを感じている顧客は多いかもしれません。自動車は、安くても100万円程度はしますから、このような高額商品を本当に買う必要があるのかと心配する顧客も存在します。つまり、購入段階で高額な初期投資に大きなリスクを感じることが購入の障害になっている可能性があるというわけです。

続いて使用段階はどうでしょうか。このステージでは、「車の運転が怖く、事故が心配」とか「排気ガスが環境に悪影響を与える」などといった心理的な不安がハードルになっていることも考えられるでしょう。

そして併用段階では、「自動車保険が余計な負担になる」や「月極の駐車場料金が高い」などのネガティブな理由があるかもしれません。

また、保守管理段階では「車検が面倒」とか「故障が心配」といった不安な気持ちがあるでしょうし、廃棄段階では「下取り価格が低いかもしれない」といったリスクが気になるかもしれません。

このように、ステージごとに顧客が抱える障害を検証していくと、案外多くのネガティブな要素が浮き彫りとなり、これらが心理的なハードルとなって購入を躊躇させいることがわかるのです。

⇩顧客の障害を取り除け

現状、どのステージにどのような障害があるのかを把握できたら、続いては**どうすればその障害を解消できるのか**を考えていきます。新たに考え出したアイデアでその障害を取り除くことができれば、飛躍的に効用を高め、売上につなげることができるでしょう。

たとえば自動車の例でいえば、購入段階で高額な代金を支払うリスクに対しては、金利負担なしの分割払いなどを提供すれば、心理的なハードルを下げることができるかもしれません。

使用段階の「車の運転が怖く、事故が心配」という障害をシンプルさの問題と考えれば、運転をシンプルにする、すなわち自動運転技術の搭載などで解消することもできるでしょう。

また、「排気ガスが環境に悪影響を与える」という問題に対しては、電気自動車や燃料電池自動車など、二酸化炭素を排出しない環境にやさしい自動車の開発をさらに極めていく必要があるでしょう。

実際にこのような解決策は、自動車メーカー各社がすでに導入済み、もしくは導入予定のものですが、各ステージで浮き彫りとなった障害に対して、自社のみが解決できるアイデアを実行に移すことができれば、顧客の買わない理由がなくなり、たとえこれまで自動車に興味を示さなかった非顧客層であっても取り込むことが可能になるというわけです。

まずは、効用マップを活用し、理想的な顧客の経験ステージを描いて、誰もがスムーズに消費活動のエンディングまで進めるような独自のビジネスモデルを築くことが、ブルー・オーシャン戦略成功への大きな一歩となるのです。

図19 効用マップを使って、顧客のハードルを取り除く

顧客経験の6つのステージ

効用を生み出す6つのテコ	1 購入	2 納品	3 使用	4 併用	5 保守管理	6 廃棄
顧客の生産性						
シンプルさ			×→○ ②			
利便性						
リスク	×→○ ①					
楽しさや好ましいイメージ						
環境への優しさ			×→○ ③			

（参考：『［新版］ブルー・オーシャン戦略』 P.187）

顧客の障害とそれを取り除くビジネスモデル案

（障害例）**価格が高い**
→金利負担なしの分割払いの提供（①）

（障害例）**車の運転が怖く、事故が心配**
→自動運転技術の搭載（②）

（障害例）**排気ガスが環境に悪影響を与える**
→二酸化炭素を排出しない環境にやさしい自動車の開発（③）

より多くの顧客が購入する価格を設定する

04

コストプラス方式と価格マイナス方式

買い手にとっての効用を高めるビジネスモデルができあがったら、次は「いくらで売るのか？」という価格決定のプロセスに移ります。

価格を決定する方法にはさまざまなものがありますが、大きく分けると**「コストプラス方式」**と**「価格マイナス方式」**のふたつのタイプに分けることができるでしょう。

コストプラス方式とは、製品をつくるのにかかったコストに企業が望む利益を上乗せして価格を決定する方法です。

たとえば、ある自動車を製造するために必要な鉄やガラス、人件費などのコストが70万円だったとしましょう。ここで、企業が1台あたり30万円の利益をあげたいと思えば、原価の70万円に希望する利益の30万円を加えた１００万円という価格を設定することになります。

このように単純に必要原価に希望利益を足して価格設定を行う方法が、コストプラス方式です。

一方、価格マイナス方式では、まず顧客に受け入れられやすい価格やライバルとの競争に勝てる価格など、戦略的な価格を割り出し、そこから十分に利益を出すための目標コストを決定していきます。

たとえば、自動車業界でも激しい競争がくり広げられていますが、1台でも販売台数を増やしたいのであれば、インパクトのある価格設定は効果を発揮するでしょう。たとえば、ライバルが同じような車を100万円で販売しているのであれば、80万円といった大幅に安い戦略価格を設定します。そして、その戦略価格から20％の利益率を実現しようと思えば、目標利益は16万円（＝80万円×20％）であり、達成すべき

図20 コストプラス方式と価格マイナス方式

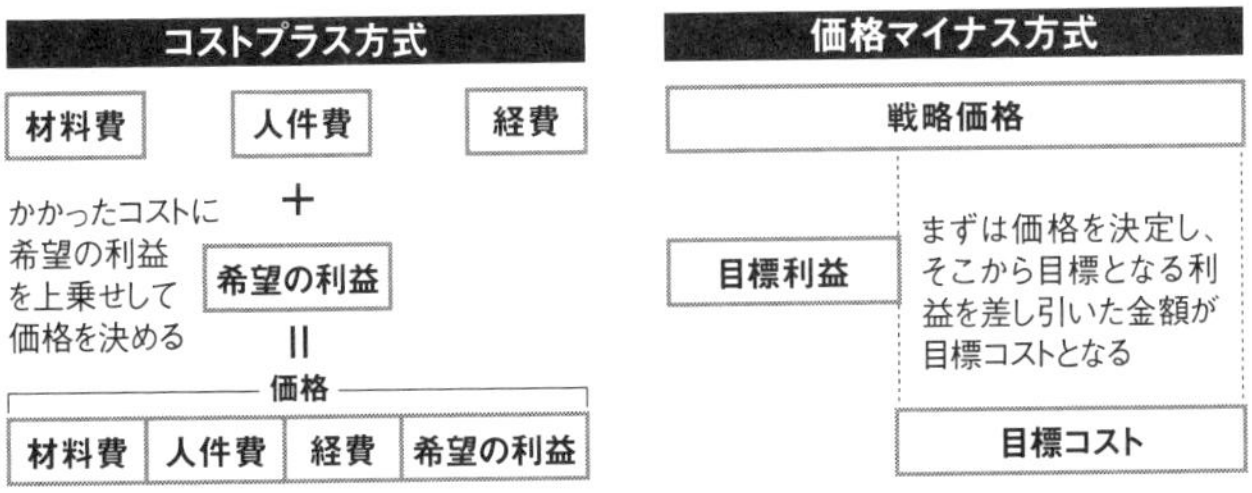

→ブルー・オーシャン戦略では、価格マイナス方式でインパクトのある価格を設定する

目標コストは64万円（＝80万円－16万円）となるのです。

⇩価格マイナス方式で戦略的に価格を設定する

一般的に、規制などの関係で競争があまり激しくない業界ではコストプラス方式の価格設定でも問題はありませんが、競争の激しい市場では価格が売上に与える影響が大きいため、価格マイナス方式で戦略的に価格を設定しなければ顧客に選ばれて競争を勝ち抜くことは難しいといえるでしょう。

そこでブルー・オーシャン戦略では、製品投入後、いきなり大きな需要を喚起できるように、まずは戦略的に価格を設定する「価格マイナス方式」によって価格を決定していきます。

ブルー・オーシャンは決して永遠のものではなく、いずれはライバルが参入してレッド・オーシャン化していきます。しかし、**できる限りブルー・オーシャンを長く存続させるためには、他社の市場参入を諦めさせるようなインパクトのある価格戦略が重要な鍵を握る**のです。

05 プライス・コリドー・オブ・ザ・マスを使って価格戦略を立てる

適正価格を見極めるプライス・コリドー・オブ・ザ・マス

ブルー・オーシャン戦略を駆使して、大きな売上をあげるためには、顧客が魅力的に感じる製品を投入することはもちろんですが、「どうしても欲しい！」という衝動を抑えられない戦略価格を設定することも重要です。

ただ、ここで多くの方が勘違いしているかもしれませんが、**価格は安ければ安いほどよいというわけではない**のです。

ブルー・オーシャン戦略に成功すると、非常に大きな利益を実現できることは前のＰａｒｔでもお伝えしましたが、これはとりもなおさず、低価格で利益を犠牲にして需要を喚起するのではなく、適切な価格設定を行って多くの買い手を惹きつけ、十分な利益を確保することを意味しているのです。

このようにブルー・オーシャン戦略では、**適正な価格水準を見極める**ことが重要になってきますが、どのような企業でもシステマチックに適切な価格設定ができるよう**「プライス・コリドー・オブ・ザ・マス」**と呼ばれるツールが用意されています。

プライス・コリドー・オブ・ザ・マスを活用した価格戦略では、次の3つの製品グループから顧客の密集する価格帯を見極めていくことになります。

①同じ形態・機能をもつ製品
②形態は異なるが同じ機能をもつ製品
③形態や機能は異なるが目的が同じ製品

⇩「①同じ形態・機能をもつ製品」

同じ形態・機能をもつ製品とは、ライバルの販売する直接の競合製品です。たとえば、コカ・コーラにとって、ペプシ・コーラは、同じ形態・機能をもつ製品といえるでしょう。

通常、新製品の価格を決定する際には、どんな企業でもライバルが販売する同様の製品の価格を調査し、参考にするはずです。

つまり、同じ形態・機能をもつ製品を参考にした価格設定は、どのような業界においても当たり前に行われている一般的な方法といえますが、ブルー・オーシャン戦略における価格設定ではこれだけでは十分とはいえません。

これまで自社製品を積極的に購入してこなかった非顧客の顧客化を図るためには、それ以外にも、「形態は異なるが同じ機能をもつ製品」と「形態や機能は異なるが目的が同じ製品」という、これまでは比較検討してこなかった製品グループの価格についても調査する必要があるのです。

⇩「②形態は異なるが同じ機能をもつ製品」

形態は異なるが同じ機能をもつ製品とは、**「機能」にフォーカスした製品グループ**になります。製品にはさまざまな形態や機能がありますが、形態の差はあれども、同じ機能をもつグループといえるでしょう。

たとえば、パソコンとスマートフォンは、形態はまったく違うものの、Eメールやウェブサイトの閲覧という機能にフォーカスすれば、同じ製品グループといえます。

もし、ユーザーがEメールとインターネットの機能しか利用しないということであれば、パソコンメーカーは直接競合するパソコンの価格だけではなく、同じ機能をもつスマートフォンの価格も自社の売上に大きな影響を与えることに気付かなければならないのです。

つまり、そうした形態は異なるが同じ機能をもつ製品についても、どのような価格でどのような製品が販売されているかを調査し、分析することが欠かせないのです。

⇩「③形態や機能は異なるが目的が同じ製品」

形態や機能は異なるが目的が同じ製品というのもあります。これは**「顧客の目的」にフォーカスした製品グループ**です。

製品・サービスを利用する際、顧客は、必ずなんらかの目的をもっています。この目的が同じものでくくったグループが、形態や機能は異なるが目的が同じ製品になるのです。

たとえば、ある顧客が東京から大阪まで移動したいという目的をもっていたとします。この目的を達成するために、さまざまなサービスを利用することができます。最も速く移動したい場合は飛行機が利用できますし、利便性を考えれば新幹線がベストな選択かもしれません。また、コスト重視であれば夜行バスという選択肢もあるでしょう。これら飛行機、新幹線、バスは、形態や機能は異なりますが、「遠くへ移動する」という目的にフォーカスすれば、同様のサービスを提供しているグループと考えることができます。

価格を決定する際には、こうした同じ目的を達成できる製品・サービスについても、直接ではないにしろ競合として考慮に入れ、価格動向を調査しておく必要があるのです。

顧客が望む価格帯を見極める

「同じ形態・機能をもつ製品」、「形態は異なるが同じ機能をもつ製品」、「形態や機能は異なるが目的が同じ製品」といった3つの製品グループにおける価格の調査を終えた後は、これをひとつの表にまとめて顧客の密集する価格帯を見極めていきます。

これがプライス・コリドー・オブ・ザ・マスになります。

プライス・コリドー・オブ・ザ・マスでは、横軸にこれら3つの製品グループを配置し、縦軸に価格をとります。そして3つの分野それぞれについて調査した価格帯を円で表していきます。このとき、円の大きさはそれぞれの製品が惹きつける買い手の数に応じて

3つの価格帯を参考にしながら、インパクトのある価格帯を考えていく

描いていきます。

つまり、最も多くの買い手を惹きつける価格帯では大きな円、そして、安過ぎたり、高過ぎたりといった理由で顧客をあまり惹きつけない価格帯は小さな円で表していくことになります。


たとえば、マンガでは、美術展のチケットとインスタントカメラ付きのガイドブックでブルー・オーシャンを切り拓く試みがくり広げられています。ここでは、その製品のプライス・コリドー・オブ・ザ・マスを作成していきましょう。

まず「同じ形態・機能をもつ製品」ですが、これは他社のガイドブックや美術関連の書籍が該当します。この製品グループの価格帯を調べれば、安いものであれば1000円前後、そして高いものであれば数万円という貴重な書籍もあるでしょう。ただ、最も多くの顧客を惹きつける価格帯は2000円前後に集中しています。

続いて「形態は異なるが同じ機能をもつ製品」としては、ガイドブックではないものの、美術展のガイド機能をもっている製品を探していきます。いまや多くの人がインターネットで情報を検索する状況を踏まえれば、やはりインターネットがこのグループに含まれるでしょう。そこで、価格帯の円を描くなら、基本的には情報は無料で入手できますので、0円のところに大きな円を描くことができます。

図21 プライス・コリドー・オブ・ザ・マス

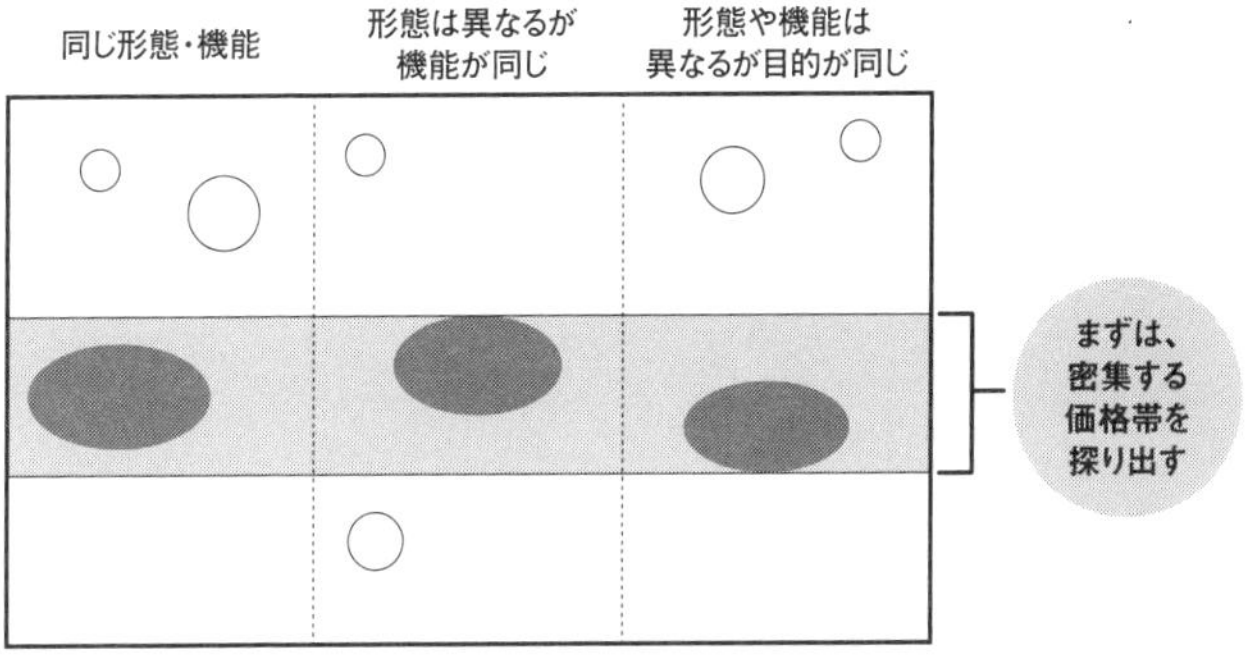

・密集する価格帯の中で最もインパクトのある価格を判断するポイントは?

高価格	・法規制や特許によって強く保護されている場合 ・模倣が難しい場合
中価格	・法規制や特許によってある程度は保護されている場合
低価格	・法規制や特許による保護がない(または弱い)場合 ・模倣しやすい場合

**プライス・コリドー・オブ・ザ・マスを活用して
顧客の密集する価格帯を探り出し、最もインパクトのある価格を設定する**

参考:『[新版]ブルー・オーシャン戦略』 P.196

そして最後の「形態や機能は異なるが目的が同じ製品」に関しては、美術館を訪れる目的として「楽しい時間を過ごす」ことが考えられますので、テーマパークや映画、カラオケ、コンサート、旅行などが同じ目的を果たす製品グループとして位置付けられます。これらの製品グループの価格帯を調査すれば、カラオケや映画などの1000円程度から旅行の数万円、十数万円まで幅広い範囲にわたりますが、最も多くの顧客を惹きつけている価格帯は7000円前後といえるでしょう。

こうして3つの分野において調査した価格帯を、買い手を惹きつける度合いに応じた円で表してみると、0円から7000円の間に最も顧客が密集していることを確認することができます。

図22 事例：ガイドブックのプライス・コリドー・オブ・ザ・マス

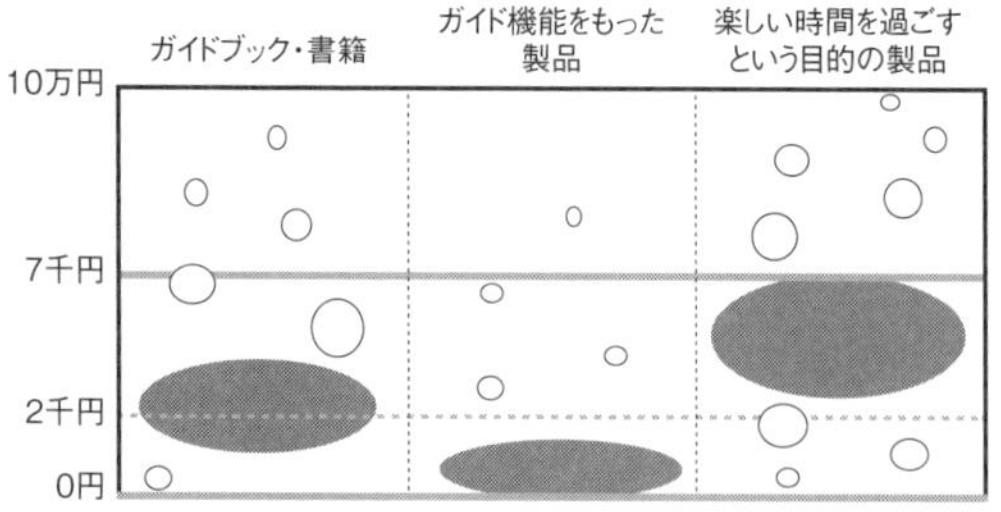

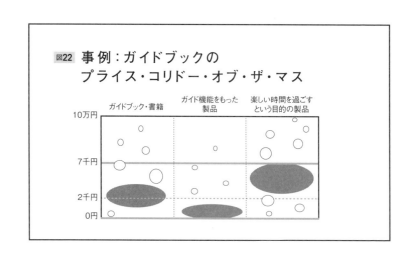

⇩適切な価格を設定する

プライス・コリドー・オブ・ザ・マスを活用して顧客が密集する価格帯を見極めることができれば、次のステップとしてその価格帯の中で適切な価格設定を行っていきます。

たとえば、美術展のガイドブックとしては、最も顧客が密集する価格帯は0円から7000円ということでしたが、この範囲のうちいくらに決定するかで売上が大きく変わってくるのは明らかです。そこで、見極めた価格帯のうちどのレベルの価格を設定するのかを、製品の特徴に応じて検討していく必要があるのです。

まず、自社の製品が**法律や特許によって強く保護されている場合や簡単に真似することが難しい場合は、顧客の密集する価格帯の最も高いレベルで価格設定を行うことができる**でしょう。たとえば、マイクロソフトのウィンドウズやディズニーランドなどは法律によってコピー製品が許可されていないため、比較的高い価格設定を行うことができます。

一方で、法律や特許などで保護することができず、比較的真似のしやすい製品の場合、価格を高めに設定すると市場が急成長した途端に低価格を武器に競合が次々に参入し、すぐにレッド・オーシャンになってしまう可能性が高くなります。そこで、最初からライバルが参入意欲をなくすような低い価格を設定して、市場にインパクトを与え、レッド・オーシャン化を阻止していく必要があるのです。

つまり、**法律や特許などで保護されておらず真似されやすい製品、競争の激しい製品は、顧客の密集する価格帯の下限で価格を設定すると効果的**というわけです。

たとえば、ヘアカットのQBハウスはこの事例に当てはまるでしょう。

ヘアカット業界は同業者も多く、サービスの差別化は非常に難しいといえます。そこで、1000円という顧客の密集する価格帯の下限に価格を設定し、4000円が相場の市場に大きなインパクトを与えて、多くの顧客を惹きつけることができたのです。

以上は両極端なケースでしたが、どちらにも当てはまらなければ中間の価格を設定すればいいでしょう。

このようにブルー・オーシャン戦略では、直接のライバルの同じような製品だけを調査して価格を決定するのではなく、形は違えども機能が同じ製品や、使用する目的が同じ製品など3つの製品グループの価格を調査、分析し、最も顧客が密集する価格帯を見極め、その中で自社製品の差別化度合いに応じて、市場にインパクトを与える価格を設定していくことになるのです。

Part 4

利益の出るコストの実現と戦略の成否

Story 4
本を無料で売る!?

……
…あれ？
もしかして仕事の…？
えっ
えーと…
純さん こちら 私の兄です
兄さん こちら INSEADの先輩の青木さんです
ガタッ
PiYo!!
…どうも
ぺこ
ぺこ
赤菜さんから話は聞きました
例の商品… 僕も3600円は高すぎると思います

爆発的な需要を生み出すにはもうちょっと戦略的に価格設定を考えていかないと……
ウンウン
カタン
そうは言ってもチケット代の1600円はどうにもならないんですよ
だから利益をあげるためには3600円くらいになってしまうんです
アイスコーヒーねー
それは会社の事情でしょう？
ズバッ
お客様には関係ないよ
ぐっ
自分たちの都合じゃなくて
顧客がどうしても欲しくなる価格で提供できるビジネスモデルを考えなきゃ！
でもどうやって…

戦略の3つめのプロセスを忘れたの？
あっ
価格イノベーション！
3つめのプロセスは…
コスト…
それを起こせば3600円なんて高い価格を設定しなくてもいいでしょう？
そうですね！
ただ　問題は
どうやって価格イノベーションを起こすか……
価格イノベーションにはいったいどんな方法があるんだ？

・スライスシェア
・タイムシェアリング
・フリー
たとえばスライスシェアやタイムシェアリングフリーなどの方法があるの
ほほ
スライスシェア
スライスシェアは小口化で大きなものを小さくすることによって低価格を実現する手法よ
フィルム1枚のみ
たとえばフィルムを1枚限定にするとか…
写真がたった1枚じゃあ製品の魅力が台無しになる
タイムシェアリング
じゃあ　時間貸しのタイムシェアリングは？入場できる時間を30分とかに制限して価格を抑えるのは？
1
15
30
これも顧客が感じる価値が低くなるからだめだ

ということは
最後のフリーだね
これは価格という概念をなくすことなの
ずず
なくす？
ガイドブックやインスタントカメラは無料ということ
フリー
ガイドブック
¥0
無料!?
そんなこと実現できるのか…？
にこ
そのヒントがこの冊子です
スッ
0円 Town information
神保町
神田
あっ
フリーペーパーですね

この雑誌を
無料にできる
カラクリが…
そういうことか！
広告だ！
このガイドブックに
広告を入れて
チケット代のみの
価格にする！
そうすれば
魅力はそのままだ！
広告
広告
広告
なるほど…
ちょっと
待って
無料で配って
うちの会社に何か
メリットはあるの？

無料といってもまったく売上が立たないわけじゃないよ
まずは美術館から販売手数料をいただき
そして広告でも賄う
美術館からの販売手数料
広告費
たとえば1000万円で50社の広告がとれれば5億円の売上があがる計算ですね
1000万円×50社
↓
5億円
しかし…1000万円で50社か…なかなか厳しいな
でも
それができなければ価格イノベーションは起こせません
ここはお兄さんの営業としての力が頼りです

兄さん…
……
――翌日から
兄さんは広告の営業に
奔走していた
部長　弊社で現在
美術館のチケット付きの
ガイドブックの出版を
予定しているんですが
1000万円!?
いくら
赤菜さんの依頼でも
ちょっと難しいな
その後も
数社を回ったものの
顧客の反応は芳しいもの
ではなかった

会社
兄さ…部長
お疲れさまです
…まいったよ
一社も獲得できない
…広告を出してくれる
企業が現れないと無料で
ガイドブックを提供する
ことはできないわね…
はじめての試みで
100万部を
売り切れるか
クライアントも
不安なんだ
そのクライアントの
不安を取り除かない限り
前に進みそうにないね…
もし全然
売れなかったら…

数日後
あれからどう?広告はとれそう?
全然ダメです…
今、電話してもいい?
大丈夫です
もしもし
何が原因だと
分析している?
やはり
リスクが高いのが
ネックかと…
そっか…
でも 広告は
ガイドブックの
価格イノベーションを
起こすために肝になる
ビジネスモデルです
…なにか
アイデアを
考えないと…
…うーん…

実績に応じた
広告費の支払いであれば
クライアントも
リスクはないと思うよ
それって？
富山の薬売りのように
使った分だけ後払いする
というビジネスモデルだよ
お薬おかせてくださーい
使ったお薬の分だけ支払ってくださーい
実績に応じた
後払いであれば
クライアントの
リスクは
なくなるよね
いいですね！
後払い広告！
早速10万部ごとに
広告料を設定して
実績に応じて
料金を徴収するという
提案書を作成します！
パカッ
うまくいくと
いいね
おやすみー
おやすみなさいー
よーし！
やるぞーっ

カタカタ
部長
ガイドブックの広告についてなんですが
うん?
売れた部数に応じて広告料を設定し
後払いでいただくのはどうですか
ほう…
…なるほど
それならクライアントにもリスクはないということか…
よし これでもう一度営業をかけてみる!
ザッ
うん!
期待してます!

それからの兄さんの営業の結果
なんとか目標の企業数を獲得することができました
あ 愛
広告の件だけどな
なんとか目標の企業数を確保できたぞ!
おおっ
さすが部長!
パンッ
やったね!

2週間後――
全体会議
私はまず会社がレッド・オーシャンの罠にはまって不毛な競争に陥っていること
それを脱するには新商品を開発してブルー・オーシャンを切り拓いていかなくてはならないことを話しました
続いてプライス・コリドー・オブ・ザ・マスの表を使って
商品の価格について社員のみなさんを説得しました
…そういうことなら…
ひそ
ひそ
たしかに…3600円じゃぁ手が出ないけど1600円なら…

ガ
シ…ン
価格の話はわかった
でも　その商品は本当に受け入れられるのか？
十分な利益が出るのか？
先行投資で1億もかけるんだ
売れませんでしたじゃすまないぞ！
――わかっています

ですので
私たちは爆発的に
売上をあげて
利益が出るよう
ビジネスモデルを
検討しました
ビジネスモデル？
はい
ブルー・オーシャン戦略で
ビジネスモデルを
組み立てるには
効用、価格、コスト、
実現への手立てという
順序で進めていきます
効用
↓
価格
↓
コスト
↓
実現への手立て
この正しい順序で
戦略を組み立てて
いくことに
意義があるんです
順序なんて
どうでもいいだろう
フンッ
いいえ

そんなの聞いたことがない！
だからこそです！
新しいことをしなくちゃいけないいんです!!
パンパン
松浦専務の気持ちもわかるが
ここは若い者の新しいアイデアに社運を賭けてみようじゃないか
社長…
みんなここ数カ月がわが社の正念場だ
無事に乗り切るにはみんなが力を合わせる必要がある！
頼む！
力を貸してくれ！
バッ

01 十分な利益のあがるコストを実現する

⇩コスト削減を実現する3つの方法

これまでブルー・オーシャン戦略の立案プロセスとして、効用を高めるプロダクトコンセプトやビジネスモデルを考え、多くの顧客を惹きつける価格を価格マイナス方式で決定する方法を見てきました。

ただ、やはりビジネスですから、最終的に十分な利益をあげなければいけません。

そこで次に重要になってくるのが、コスト戦略です。このコスト戦略では、たとえ低価格でも高収益体質を実現するために、厳しいコスト目標を達成することが求められます。

ブルー・オーシャン戦略では、次の３つの方法でコストを削減し、高い利益水準を目指していくことになります。

図23 ブルー・オーシャン戦略を実現するコスト削減手法

方法1　合理化

現状の業務オペレーションの合理化を
図って、業務のさまざまな段階で
コストを削減していく

方法2　アウトソース

業務提携やアウトソースを行って
コストを削減する

方法3　価格イノベーション

戦略価格の水準はそのままにして、
業界の価格モデルを覆し、
市場にインパクトを与える

・価格イノベーションの主な手法

①タイムシェアリング
②スライスシェア
③価格という概念を捨て去る

（方法3）→ **ブルー・オーシャン戦略独自のコスト削減手法**

戦略実現のためのコスト削減①合理化

02

⇩あらゆる段階でコストを削減する

コスト削減のひとつめの方法は、**「業務オペレーションの合理化を図って、業務のさまざまな段階でコストを削減していく」**ことです。

企業は、さまざまな業務オペレーションをとおして事業を行っています。この業務オペレーションの各段階で無駄なコストを発見し、削減していくことによってコスト目標を達成していくというわけです。

たとえば、これまで使用していた原材料と同じ品質が保てるコストパフォーマンスの高いほかの原材料があれば、切り替えを行うことで原材料費の削減につながります。また、製造拠点を人件費の安い東南アジアの国々に移転することによって、長期的な観点から製造コストの削減を実現することもできるでしょう。

実際に、家具やインテリア用品の販売を手掛けるニトリは、業務の効率化を図るために、企画・デザインから製造、流通、販売まですべてを自社で行っています。

これは、ユニクロなどアパレル関係の企業で成功を収めたSPA（87ページ参照）と呼ばれる製造小売型のビジネスモデルですが、製品品質の維持とコスト削減を同時に達成し、高い収益力を実現することを可能にしました。

ニトリといえば、低価格の商品が中心ですが、財務分析を行うと売上高経常利益率は直近で16％を超えるなど、競合他社に比べて非常に高くなっています。これは、戦略的に安い価格を設定しても、業務オペレーションのさまざまな段階で合理化を進め、コスト削減を追求した結果といえるでしょう。

図24 合理化に成功したニトリの財務指標

単位：億円

	ニトリ（右は対売上割合）		良品計画（右は対売上割合）	
売上高	4581	-	3075	-
営業利益	730	15.9%	344	11.2%
経常利益	750	16.4%	327	10.6%

ともに2016年2月期決算

売上高における利益率は、営業利益、経常利益ともにニトリのほうが高い

戦略実現のための
コスト削減②
アウトソース

03

⇩ 非効率や高コストプロセスがターゲット

コスト目標を達成するふたつめの方法は、**「業務提携やアウトソースを行ってコストを削減する」**ことです。

自社の業務プロセスを分析すると、中には非効率であったり、高コストのプロセスがある場合があります。たとえば、自社で製品を生産すると、1個あたり１００円かかっていたものが、専門の業者に依頼すれば80円で生産できる場合などです。もしここで、製造を外注すれば、計算上20%のコスト削減が可能になります。

このように企業によっては、業務のすべてを自社で行うのではなく、高コストの特定のプロセスを専門の業者に任せることにより、コスト削減が可能になるのです。

たとえばアップルは、企画やデザイン、そしてマーケティングに経営資源を集中させ、製造をフォックスコンなど世界屈指の技術力を有する企業にアウトソースすることによって、コストを大幅に削減し、高い収益力を実現しています。

ハイテク製品の場合、技術力が製品の品質を大きく左右する要素になるため、莫大なコストを投じて、企業内の技術力を磨き続けていく必要があります。

ただ、どんなに資金を投じたからといって、必ず成功するとは限りません。もし、開発した技術が使い物にならなければ、大きな損失につながるリスクもあるのです。

また、自社で独自の技術を開発するには資金だけではなく時間もかかります。

そこで、てっとり早く高い専門技術を手に入れる方法として、提携やアウトソースを選択するほうが、コストやリスクの大幅な低減につながるというわけです。


もし自社の業務プロセスを分析して、非効率、もしくは高コストのものがあれば、それが自社の核となるものでない限り、最高のビジネスパートナーを見つけ出し、仕事を任せることを検討すべきです。

それによって目標コストを達成できる可能性が高まるのです。

04 戦略実現のためのコスト削減③ 価格イノベーション

⇩価格イノベーションとは

これまでコスト目標を達成するために、「業務オペレーションの合理化」、「コストの高いオペレーションのアウトソース」という方法をお伝えしてきました。

これらはブルー・オーシャン戦略独自のコスト削減手法というわけではありません。おそらく、どのような企業でも合理化や提携、アウトソースなどでコスト削減に努めていることでしょう。ですから、実際にこれらの方法を用いるだけでは、なかなか目標コストを実現できないことが考えられます。

そのようなケースでは、コスト戦略における3つめの方法、**「価格イノベーション」**に取り組む必要があります。

「価格イノベーション」とは、戦略価格の水準はそのままにして業界の価格モデルを覆して市場にインパクトを与える方法です。

「価格イノベーション」には、具体的に次のようなものがあります。

⇩価格イノベーション①タイムシェアリング

タイムシェアリングとは、**時間単位の料金体系**です。たとえば、いまや街のいたるところに15分100円といったコインパーキングがありますが、このコインパーキングはタイムシェアリングの手法が取り入れられて広まったサービスといえます。

通常、駐車場は月極で数万円の料金を利用者が負担しなければいけません。ただ、月に何度も利用しない顧客にとって、毎月数万円の利用料を支払うことは現実的ではないでしょう。

そこで、タイムシェアリングの考え方を導入すれば、同じ駐車場でも15分あたり100円で提供することが可能になるというわけです。ここで、もし1カ月間途絶えることなく利用者がいるとするならば、1時間あたり400円、1

時間によって区切ることで価格を抑える

日あたり9600円、そして1カ月にすれば30万円近い売上があがることになります。もし、月極で3万円だったとすると、稼働率が半分と想定しても、タイムシェアリングによって5倍の売上をあげることができる計算になります。

QBハウスは、このタイムシェアリングの手法を取り入れて成功を収めたといえるでしょう。前にも説明したように一般的なヘアカットが1時間かかるところを、QBハウスでは10分で終わらせます。つまり、QBハウスの一人あたりの料金は非常に低価格ですが、1時間あたり一般店の6倍の顧客をこなすことによって、一般店の売上(一人あたり4000円程度を想定)を上回ることが可能になるのです。

このように、タイムシェアリングという方法を活用すれば、どんなに高価な製品でも劇的に安い価格を設定することができるようになり、なおかつ最終的に高い売上水準を達成することができるようになるのです。

⇩価格イノベーション② スライスシェア

スライスシェアとは、製品を小口化して多くの顧客にとって手の届きやすい戦略価格を設定する手法です。

たとえば、ホールケーキ1台では3000円程度の価格になりますが、ひとりで食べるには、量も多過ぎますし、価格的にも高くなってしまいます。そこで、8等分して1個500円で販売すれば、より多くの人が気軽に購入できるようになり、1台ごとに販売するよりも多くの売上を見込めるようになります。つまり、**製品を小口化することによって、より多くの需要を喚起して、市場を拡大することができる**のです。

マンションもスライスシェアにより大きな利益をあげるビジネスモデルといえるでしょう。マンションは1棟で販売すれば何億円、何十億円という価格になりますが、小口化して1戸単位で販売することにより、多くの購入希望者が現れて、最終的に1棟すべてを販売することが可能になります。業者にとっては、コストの面から1戸1戸建てるよりもまとめて建設したほうが効率的です。そのうえでスライスシェアを

小口化によって大きなものを小さくして価格を抑える

行って、顧客が思わず買いたくなる価格水準まで引き下げていけば、最高の売上、そして利益を達成できるようになるのです。

ブルー・オーシャンを切り拓く可能性がある素晴らしいアイデアが浮かんでも、コストがかかりすぎて最終的に価格が高くなってしまうこともあるでしょう。そんな場合であっても、製品を分割することができれば、スライスシェアで一つひとつの価格を低く抑えればいいのです。結果として、顧客の購買意欲を刺激し、トータルで大きな売上をあげることができるようになるというわけです。

⇩価格イノベーション③　価格という概念を捨て去る

価格イノベーションの3つめは、「価格という概念を捨て去る」という方法です。これは、**無料で製品・サービスを提供して売上をあげる**という方法になります。

たとえば、いまや多くのスマートフォンアプリが無料で提供されています。ユーザーは、カレンダーやメモ帳などの実用的なものからゲームにいたるまで、実にさまざまなアプリをまったくお金を支払うことなく利用できるのです。

もちろんこれらのアプリは、開発企業にとってまったくコストのかからないものではありません。中にはかなりの資金を投入して開発したものもあるでしょう。ですから、アプリを無料で提供すれば、もちろん大きな損失が発生してしまいます。

これらのアプリが無料で提供できる背景には、広告が存在します。アプリの起動と同時に広告を掲載することによって、その広告がクリックされる度に広告料が入ってくるしくみになっているのです。

マンガの中でも、当初は高かった販売価格を見直すために、ガイドブックの中に広告を掲載することにより、チケット代のみの価格まで抑えることが可能になりました。まさにこの「価格という概念を捨て去る」という価格イノベーションを実践したのです。

製品・サービスを無料で提供し、広告で売上を賄うというビジネスモデルは、インターネットなどのIT技術が発展した昨今、多くの企業に取り入れられるようになりました。

広告によって製品の一部（マンガではガイドブックとカメラ）を無料化する

ただ、このビジネスモデルが成功する鍵は、本当に無料で多くの顧客を集めて、広告主の利益につなげられるかにあります。

実際には、無料でサービスを始めたものの、無料ということで提供するサービスの品質が低く、思うような利用者が集められなかったり、利用者が集まっても広告主が集まらなかったりして売上が予想を下回ってしまい、事業継続を断念せざるを得ないケースが後を絶ちません。

こうした状況を踏まえれば、実際に導入する際には慎重な検討が必要になってくるでしょう。

05 アクション・マトリクスでアイデアを整理する

ブルー・オーシャンの4つのアクション

さて、これまでファーストステップとして買い手の効用を高めるビジネスモデルを考え、セカンドステップで多くの顧客が魅力的に感じる価格を見極め、サードステップとして利益が十分あげられるコスト目標の達成を検討してきました。

ここまでのステップでブルー・オーシャン戦略のアイデアは、ほぼ出揃ったといっても過言ではないでしょう。そこで続いては、これまでに出たブルー・オーシャン戦略のアイデアを整理していくことになります。

ブルー・オーシャン戦略では、これまでのアイデアをまとめ、整理するフレームワークとして**「4つのアクション」**があります。

「4つのアクション」とは文字通り、ブルー・オーシャンを切り拓くために自社がとるべき4つの行動という意味ですが、この4つの行動には**〝減らす〟**、**〝取り除く〟**、**〝増やす〟**、**〝付け加える〟**が含まれます。

ブルー・オーシャン戦略を成功に導くために最も重要になるのは、バリュー・イノベーションです。すでにお伝えしたように、バリュー・イノベーションとは顧客にとっての価値向上（差別化）とコスト削減を同時に実現していく、ブルー・オーシャン戦略独自の考え方です。

そして、「4つのアクション」は、この差別化と低コスト化を同時に実現するバリュー・イノベーションを成功に導く鍵を握ることになるのです。

一般的に4つのアクションのうち、〝減らす〟と〝取り除く〟はコスト削減につながり、〝増やす〟と〝付け加える〟は差別化につながります。

そこで、「4つのアクション」を整理す

図25 ブルー・オーシャンを切り拓く
4つのアクション

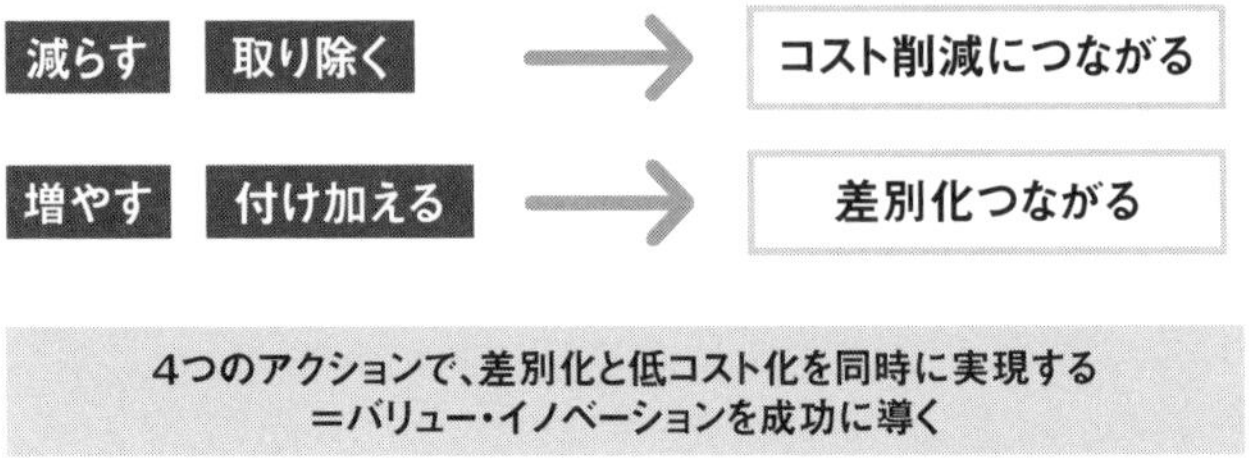

減らす
取り除く
コスト削減につながる
増やす
付け加える
差別化つながる
4つのアクションで、差別化と低コスト化を同時に実現する
＝バリュー・イノベーションを成功に導く

ることによって、どのようにコスト削減と差別化を同時に実現していくかを明らかにできるのです。

この「4つのアクション」の中で特に重要なのは、〝取り除く〟と〝付け加える〟です。なぜなら、この**〝取り除く〟と〝付け加える〟というアクションは、業界の枠組みを超えた新たな領域でビジネスを展開することにつながる**からです。

業界の常識にとらわれることなく、ゼロベースで競争要因を見直し、不必要な要素は取り除き、価値を高める要素を大胆に付け加えることによって、従来の競争ルールから解き放たれ、ブルー・オーシャンを開拓できるようになるのです。

⇩アクション・マトリクスでアイデアを整理する

ブルー・オーシャン戦略では、これら「4つのアクション」を整理する際に「アクション・マトリクス」というツールを利用します。

アクション・マトリクスとは、4つのマスをつくり、それぞれのマスに、〝減らす〟、〝取り除く〟、〝増やす〟、〝付け加える〟という4つのアクションを割り当てて、具体的な方法を記入していくシンプルなツールです。

このアクション・マトリクスを利用することによって、4つのアクションを漏れなく抽出して、整理できるようになるわけです。

4つのアクションというフレームワークとその補助分析ツールであるアクション・マトリクスを活用することで、これまでの考えを整理したり、新たなアイデアを補強したりすることができ、効果的なブルー・オーシャン戦略策定へとつながっていくのです。

アクション・マトリクスの使用例

たとえば、マンガの中のブルー・オーシャン戦略のアイデアを4つのアクションに落とし込むと、まずはチケットとインスタントカメラ付きのガイドブックということで、通常のガイドブックにチケットとインスタントカメラを〝**付け加える**〟という、これまでにない製品アイデアといえます。また、低価格で提供するために実績型の広告を掲載するという方法も、これまでにはなかったやり方です。

続いて、流通に関しては、販売ルートの重要性として書店を〝**減らす**〟一方で、インターネットでの販売を〝**増やし**〟、さらに美術館などの販売ルートを〝**付け加えて**〟いきます。

そして、最後にプロモーションに関して、有料のプロモーションを〝**取り除く**〟こともできるでしょう。これは、コスト削減の関係上、多額の費用が必要となる新聞広告などは一切行わないという決断です。その代わりに、費用をかけずにできるさまざまなメディアへのパブリシティやＳＮＳでの口コミなどは大幅に増やしていく必要があるでしょう。世界初のチケットとインスタントカメラ付きのガイドブックということであれば、テレビや新聞、雑誌に取り上げられる可能性は高まりますし、美術館で撮影した写真をＳＮＳで友だちに伝えることも十分に考えられます。

以上から、マンガの中のブルー・オーシャン戦略のアイデアをアクション・マトリクスに落とし込むと下図のようになるでしょう。

このようなアクション・マトリクスの作成には、次の４つのメリットがあります。

図26 アクション・マトリクスで製品のアイデアを整理する

減らす	増やす
・販売ルート（書店）	・無料のプロモーション（パブリシティ、ロコミ） ・販売ルート（インターネット）
取り除く	**付け加える**
・有料のプロモーション（広告、宣伝）	・実績型広告 ・チケット ・販売ルート（美術館） ・インスタントカメラ

⇩メリット① 一見矛盾した目的を同時に達成することが可能になる

一般的には、製品の価値を高めるためには、高いコストを負担しなければならないと思われがちです。しかし、アクション・マトリクスを活用して、〝減らす〟と〝取り除く〟を考えることで、顧客にとって付加価値のあまりない要素を減らしてコストを削減することができます。一方で、〝増やす〟と〝付け加える〟によって、これまで業界の常識的な製品では実現できなかった価値を顧客に対して提供できるようになるのです。

⇩メリット② 過剰なサービス競争に巻き込まれない

多くの企業は、業界の枠組みの中で、いかに顧客に奉仕するかという点に注力しています。アクション・マトリクスでいえば、〝増やす〟と〝付け加える〟に着目し、過剰とも思えるサービスを提供して、高コスト体質に陥っているのです。

しかし、アクション・マトリクスを活用すれば、このような過剰なサービス競争から解放され、企業のとるべき適切なアクションが導き出せるようになるというわけです。

メリット③　理解しやすく、活用度が高い

アクション・マトリクス自体が非常にシンプルなツールで、さまざまな方にとって理解しやすく活用度が高いというのも大きなメリットとして挙げられます。

せっかくの強力なツールでも、構造が複雑で、一部の人しか活用できなければ、どれだけすぐれた戦略であっても実行されることはありません。ところが、アクション・マトリクスは、〝減らす〟、〝取り除く〟、〝増やす〟、〝付け加える〟という4つのマスを作成し、その中に該当する要素を記入していくだけなので、誰でも直感的に理解し、活用することが可能です。アクション・マトリクスは、とてもシンプルですが非常にパワフルなツールといっても過言ではないでしょう。

メリット④　業界を超えた成功要因の分析にも役立つ

アクション・マトリクスの4つのマスを埋めるためには、自社のビジネスだけでなく、ライバルや異業種の企業の成功要因を詳しく調べる必要があります。

こうした詳細な成功事例の調査を行うことで、どうすれば競争のない大きな市場を開拓できるのか、その条件を見出すことが可能になるというわけです。

このようにブルー・オーシャン戦略を仕上げる最終段階の第一歩としてアクション・マトリクスを活用して4つのアクションを整理していくことは、戦略の成否を見分けるうえで非常に重要な意味をもつのです。

正しい順序で考えたアイデアをアクション・マトリクスで整理し、戦略の整合性を確認する

戦略キャンバスを描き直す

06

価値曲線を見直す

アクション・マトリクスを活用して〝減らす〟、〝取り除く〟、〝増やす〟、〝付け加える〟という4つのアクションを整理すれば、当初作成した戦略キャンバスの価値曲線を描き直すことができるようになります。

本書の最初に紹介した環境分析のプロセスで作成した戦略キャンバスの価値曲線は、競争の激しい業界であればあるほど、ライバルと同じようなラインになっていました。なぜなら、激しい競争がくり広げられているということは、同じ競争要因を、同じ程度重視してビジネスを展開しているということになるからです。

この激しい競争を避けるために、ブルー・オーシャン戦略の観点に立って、これまでとは違った視点で製品や価格、その背景にあるビジネスモデルなどを考えていくと、新たに描かれる戦略キャンバスの価値曲線は、当初とはまったく変わったものになるはずです。

実際に、新たに価値曲線を描く際には、〝減らす〟、〝取り除く〟、〝増やす〟、〝付け加える〟という4つのアクションの要素のうち、〝減らす〟と〝取り除く〟は価値曲線の競争要因の重要度を引き下げることにつながります。一方で、〝増やす〟と〝付け加える〟は、重要度を引き上げることにつながるのです。

このようにして、アクション・マトリクスの各要素を新たな価値曲線に反映させることにより、新しい戦略キャンバスができあがるというわけです。

ここで、201ページのアクション・マトリクスに基づいて、マンガの事例の価値曲線を描き直すと、次のような戦略キャンバスとなるでしょう。

愛と亮が考えたビジネスモデルをもとに戦略キャンバスを描き直すと次のようになる

図27 価値曲線を描き直す

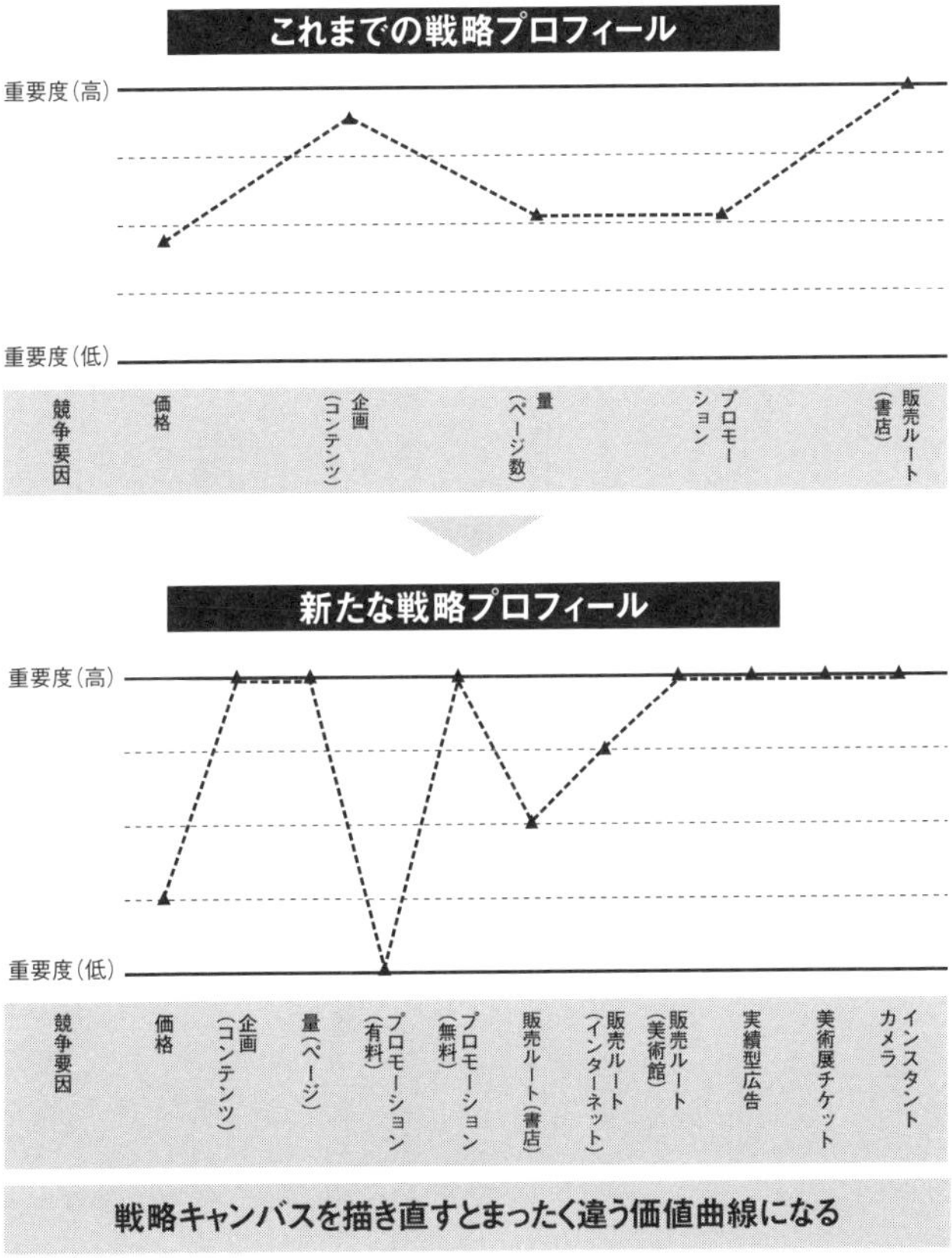

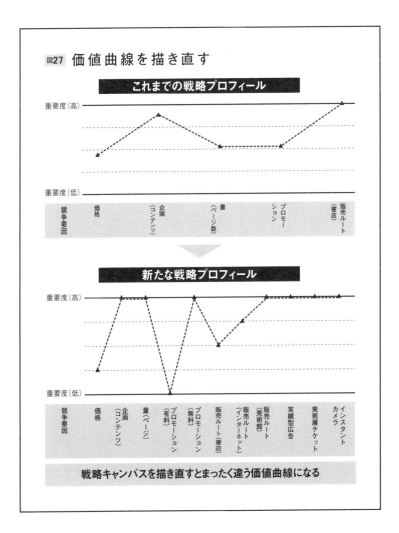

⇩すぐれた戦略の3つの特徴

アクション・マトリクスで整理した要素をもとに価値曲線を描き直せば、ライバルとはまったく違うラインが描けるようになるはずです。

ただ、ライバルと重ならない価値曲線が描けたとしても、必ずしもその戦略がブルー・オーシャンにつながるわけではありません。

すぐれた戦略であるためには**「メリハリ」**、**「高い独自性」**、**「訴求力のあるキャッチフレーズ」**という3つの特徴を満たす必要があります。これらの特徴を兼ね備えていなければ、高コスト体質でライバルとの差別化もできておらず、自社の特徴を伝えることが難しく、ビジネスでの成功はあり得ないといっても過言ではないでしょう。

ですから、新たな価値曲線を描き終えたら、戦略が以下の3つの特徴を兼ね備えているかをチェックしていきましょう。

⇩すぐれた戦略の特徴①　メリハリ

最初の特徴は「メリハリ」です。

複数の競争要因があれば、すべてを高いレベルで満たそうと考える企業が多いものです。しかし、もしすべての競争要因を高いレベルで実現できたとしても、多大なコストがかかり、最終的には高価格の製品となってしまいます。それでは結局、競争力を失うことになります。

企業の保有する経営資源は限りのあるものです。**どの競争要因を重視するのかという「選択と集中」を行わなければ、すぐれた戦略とはいえない**のです。

たとえば、マンガの事例でいえば、もちろんすべての面でコストをかけて、ビジネスを展開するという決断もできますが、インスタントカメラなどに費用をかけた分、あえてプロモーションはコストをかけずに、地道にテレビ番組や新聞、雑誌の特集で取り上げてもらえるよう、プレスリリースに力を入れることも考えられます。また、美術展を見た後の感動をシェアしてもらうために、ＳＮＳでの拡散を促すなどといった、メリハリをきかせた戦略が重要になるでしょう。

⇩すぐれた戦略の特徴②　高い独自性

ライバルとの競争を意識しすぎた戦略のもとでは、気付かないうちに自社の独自性が失われることがあるので注意が必要です。ライバルと同じ競争要因を重視して戦略を立てると、どうしても似通ったものに終始してしまうからです。

そもそもブルー・オーシャン戦略は、競争を意識するものではありません。これまでに開拓されていない市場を創造するのが目的です。そのため、独自性は重要なファクターになります。

〝減らす〟、〝取り除く〟、〝増やす〟、〝付け加える〟という4つのアクションを検討し、業界の常識とかけ離れた戦略を構築することによって、独自性を高めることができます。

マンガでは、従来の美術展のガイドブックに、チケットやインスタントカメラを付けるという、これまでにない製品が戦略の肝になっています。これは世界初の製品という高い独自性があるため、すぐれた戦略の特徴をクリアしているといえるでしょう。

⇩すぐれた戦略の特徴③　訴求力のあるキャッチフレーズ

成功を約束された戦略であるためには、非常に魅力的で人々の心をとらえるキャッチフレーズが必要になってきます。やはり、**爆発的に売れる製品というのは、単純明快なメッセージで表現され、メッセージを聞いた途端にどのようなものかが理解できなければいけない**からです。

人は、自分が理解できないものをお金を支払ってまで購入することはありません。ですから、自社製品が多くの人にとって訴求力のあるキャッチフレーズで表されるかどうかということも、すぐれた戦略の重要なポイントになってくるのです。

たとえばマンガの中の新製品のキャッチフレーズを考えれば、「一生の思い出を形に残す美術館めぐり」などが挙げられるでしょう。

美術展では作品の写真を撮れないことが多いため、思い出は記憶の中にしか残りませんが、このガイドブックであれば写真で残すことができます。

この特徴を訴求力のあるキャッチフレーズで表すことができるでしょう。

BOIインデックスで実現への手立てを確認する

07

⇩BOIインデックスとは？

ブルー・オーシャン戦略を組み立てる最終段階として、**BOI（ブルー・オーシャン・アイデア）インデックス**というツールを活用して戦略の成否を確認していくことになります。

BOIインデックスでは、4つの項目において自社の立てた戦略が成功の条件をクリアしているかを確認し、最終的にブルー・オーシャン戦略を実行に移してもいいのかを判断していきます。

その4つの条件とは**「効用」**、**「価格」**、**「コスト」**、**「導入」**であり、それぞれの項目について簡単な質問に答えることによってブルー・オーシャン戦略の成否を見分けることが可能になります。

質問をチャートにまとめると次ページのようになります。

まずは、**「効用」**において、ふたつの質問に答えていきます。この質問にＹＥＳなら第２関門へと移り、ＮＯの場合は、再度「効用マップ」を活用してＹＥＳと答えら

図28 BOIインデックス

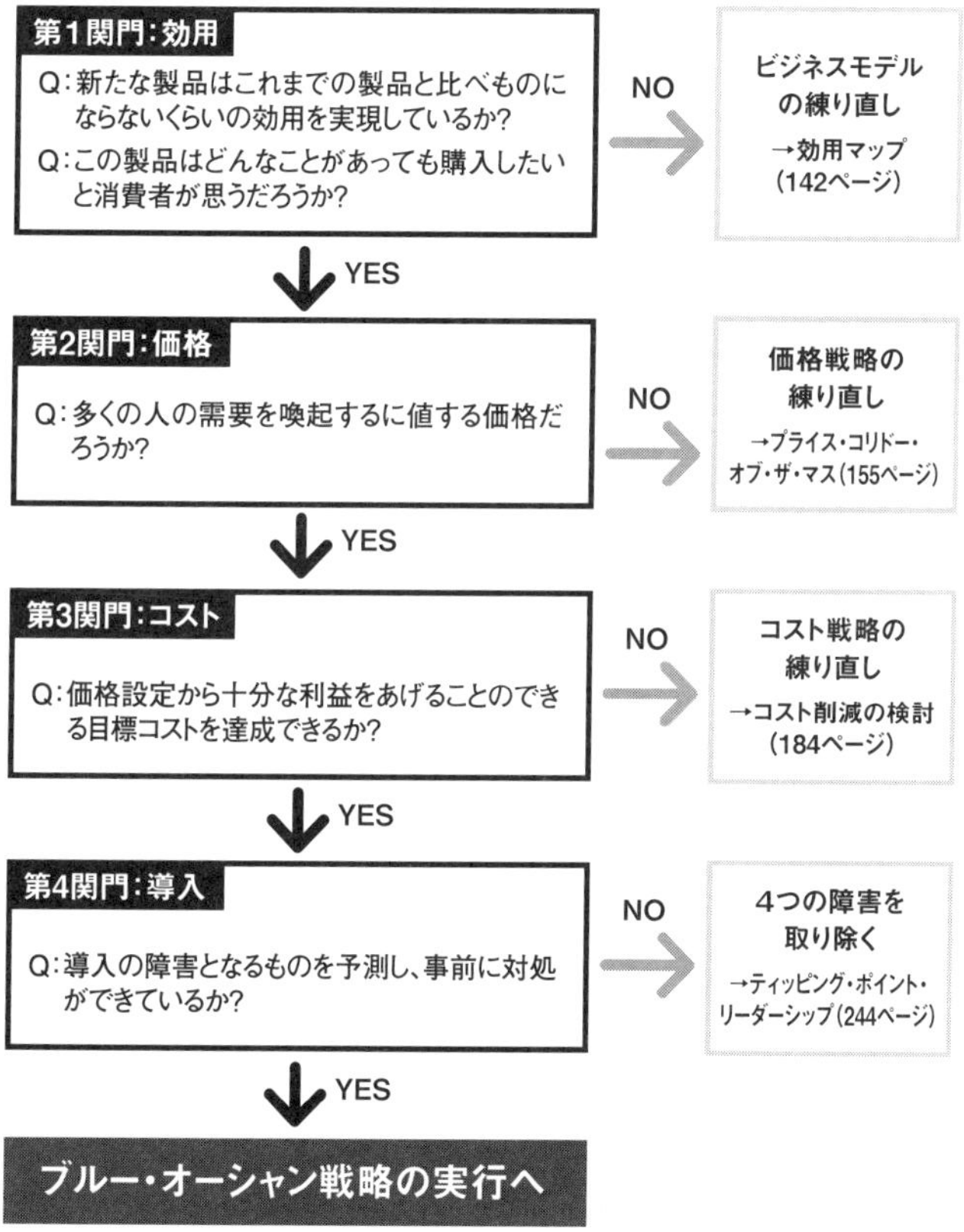

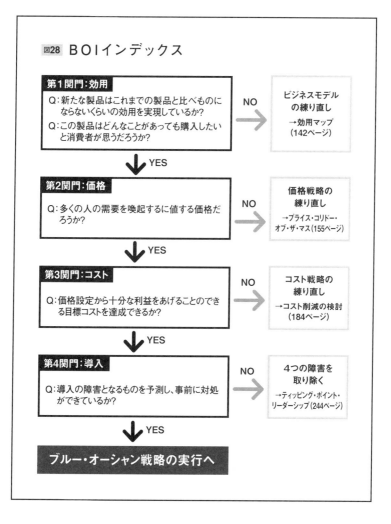

れるまでビジネスモデルを練り直します。

続いての関門は**「価格」**です。ここで十分にインパクトのある価格設定を行っていれば第3関門に移ることができますが、価格設定に不安がある場合は価格戦略に戻り、「プライス・コリドー・オブ・ザ・マス」を活用して再度最適な価格を検討していかなければなりません。

そして、第3関門は**「コスト」**になります。価格戦略を駆使してインパクトのある価格設定を行い、そのうえで十分な利益をあげることができるようであれば、BOIインデックスの最終関門に進んでいくことになります。一方で、目標コストを達成できないようであれば、コスト戦略に立ち戻ってコスト削減を検討していきます。ただ、どうやっても目標コストを実現できないという場合は、「価格イノベーション」を起こして業界の価格概念を覆した方法を導入する必要があるでしょう。

3つの関門をクリアできれば、いよいよ最終関門である**「導入」**についてチェックしていくことになります。通常、ブルー・オーシャン戦略では、新たなことに挑戦するという意味で、変化を嫌う保守的な社員の抵抗が十分に考えられます。このような組織的な障壁を事前に予測して、関係者に十分な根回しを行ったうえで実行に移さなければ、いかにすぐれた戦略といえども実行段階で頓挫する可能性が高くなります。

つまり、**ブルー・オーシャン戦略を成功に導くためには、実行する前に将来の障害を予測して、事前に取り除いておく**ことも非常に重要なポイントとなるというわけです。

このようにして、BOIインデックスを活用して、4つの関門に対してすべてYESの回答ができた段階ではじめて、ブルー・オーシャン戦略の実行に取り掛かれるようになるのです。

Part 5

組織のハードルを乗り越える

Story 5
4つのハードルを乗り越えよ
いよいよだな
ここから真価が問われるぞ
そうね
でも…
でも？
ブルー・オーシャン戦略を成功に導くには
実行段階で乗り越えなきゃいけない4つのハードルがあるの
「意識のハードル」
「経営資源のハードル」
「政治的なハードル」
「士気のハードル」

これを越えるには
ティッピング・ポイント・
リーダーシップが
鍵を握るのよ
ぴょん
意識
経営資源
政治的
士気
リーダーシップか…
組織を変革するうえで
大きな影響を与える
要因にフォーカスして
短期間で大多数の
社員の意識を変え
成果に結びつけて
いかないと
ふーん
ふーんじゃ
ないわよ！
兄さんが
リーダーシップを
発揮して会社を
変えていくのよ！
カッ
俺!?

リーダーは改革に熱意をもって取り組めて
社内でも人望が厚い人じゃなきゃダメなの!!
兄さんしかいないのよ!
!!!
ガイドブック発売まであと2カ月
うーん…

事前予約の数が伸びないな…
そんな…
営業はちゃんとやってるの？
この本はスタートダッシュが大事なのに！
カチン
やっているよ！
見てみろ！みんな出払ってるじゃないか！
がらーん
ビッ
ムッ
でも数字があがっていないじゃない

たぶん原因は営業部員の「意識のハードル」よ
これまでと同じように売れても売れなくても構わないという甘えがあるんじゃないの？
ガタッ
ぐいっ
一緒に来い
に、兄さん!?
バタン
ちょっ
どこ行くの？

なによ！
そもそも営業の意識の問題じゃない！
純さんに相談して…
サ…
…でも
いつまでも純さんにばかり頼っていていいの……？
もっと具体的に提案したらどう？
相手の気持ちになって考えてごらん
こんな時純さんなら…
着いたぞ　愛
キキ

本
書店
某大手書店
ここって…
バタン
お世話になっております
どーもー
行くぞ
スタスタ
イチオシです ぜひ目立つ場所に…
う〜ん…
1軒のお店に本を置いてもらうのに一時間半もかかってる…
やー不景気でさー参っちゃうよねー
ホントですよねー
ハハハ…
営業って
こんなに大変なの…

ブロロォォ
兄さん
さっきは言いすぎたわ…ごめんなさい
いや…オレも言いすぎた
愛にはもっと早く現場を見せるべきだった
……
ブォォォ
…考えたんだけど…
ん？
毎週の営業会議を毎朝の５分ミーティングにして
具体的な数字を示して日々の目標を意識させるというのはどうかしら？

……
そうだな
それなら意識も上がりそうだな
その日から——
営業部員の活動に徐々に変化が見られました
今日は新規の店に行くぞ！
よし！今日はもう一店行くぞ
おう！！
それから1週間後
山海
山海食
兄さん様子はどう？

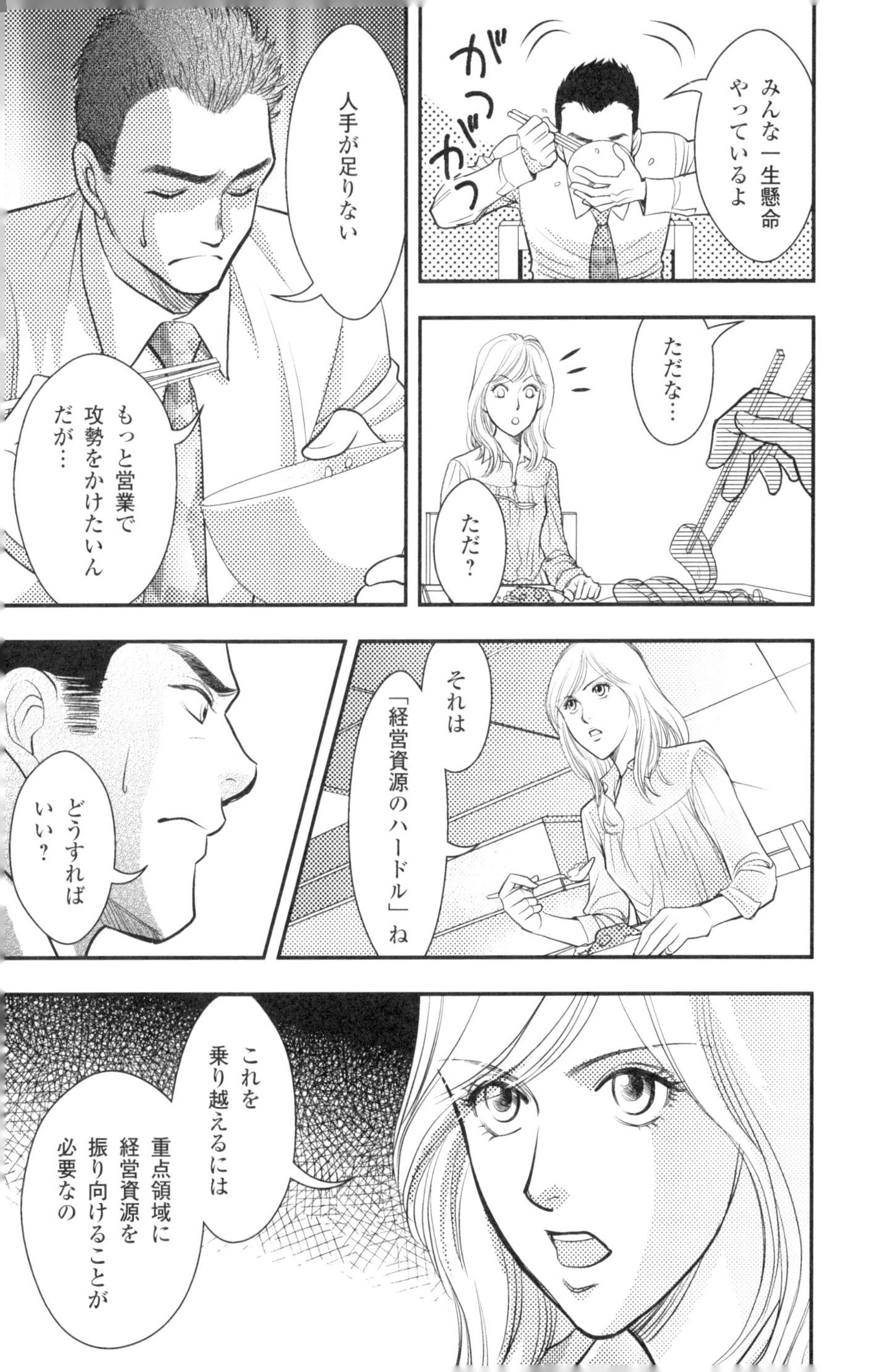
みんな一生懸命やっているよ
がつがつ
人手が足りない
もっと営業で攻勢をかけたいんだが…
ただな…
ただ？
それは「経営資源のハードル」ね
どうすればいい？
これを乗り越えるには
重点領域に経営資源を振り向けることが必要なの

振り向ける…
いらっしゃいませぇー
たとえば編集部に営業の仕事を手伝ってもらうとか…？
そうそう！
それいいアイデア！
やってみようよ
よし わかった
松浦専務に頼んでみるよ
でも…
松浦専務は部下を営業に投入してくれるかしら…
うむ…
なんとか説得してみる
カタカタ
専務
少しお時間よろしいでしょうか？

おお どうした?
ここじゃ なんなので…
会議室
実は 例のガイドブックなんですが
なにがなんでも 100万部を 達成するために
いま営業部が 一丸となって攻勢に 出ているんです!
ところが 人手が圧倒的に少なく 思うような営業が できていないのが 実情です
ああ それは 日々の活動を見て わかってる
そこで 編集部にも 手伝っていただけ ないでしょうか?

赤菜部長
君は編集部が暇だと思っているのかね？
我々だって売上をあげるために一生懸命本をつくってるんだ
ギロッ
そんな時間あるわけないだろう
はっ
えっ、いや…
バタン!!
あっ
いやー
ダメだった
部長
どうでした？
ふーん
そっか…

もしかして
オレが断られるのわかってた?
コク
政治的
おお…
これは「政治的なハードル」なの
このハードルは乗り越えるのが難しいぞ……
こうなったら「守護神に頼り大敵を沈黙させる」作戦の実行ね
ギャ
ゴゴゴゴゴ
それってまさか…
社長室
はい
コンコン
ガチャ
愛か
どうした?

あの…
ちょっと…
えっ
なんでわかったの!?
顔を見れば
わかる
松浦が
乗り気でなくて
困っているんだな
…そうなの
今回のプロジェクトを
成功に導くには
全社員の協力が
必要なんだけど……
わかった
私がなんとか
説得してみるよ

お前とこうして
飲むのも久しぶりだな
そうだな
あの頃は
毎日のように
飲み明かして
夢を語り合った
ものだ
実はな
この前…
いまの業績では
融資の継続はできない
という最後通牒を
突きつけられたんだ

…！
ということは資金がショートするってことか？
そうだ
…それで融資の期限は？
4カ月後だ
4カ月!!
がばっ
なんでこんなになるまでオレにひと言もなかったんだ？
お前はうちの名物編集長で稼ぎ頭だ
金の面で変な心配をさせたくなかったんだよ

すまん
それもこれもオレの経営手腕の至らなさだ
もはやいまのプロジェクトを成功させるしか望みはないだろう
そんな…
あのガイドブック？
あんなのが100万部も売れるわけがない
ぐいっ
ハハハ
そういえば
オレたちが前の会社を飛び出した時も
上司に「お前の企画なんて売れるわけがない」と否定されたことがきっかけだったよな
!!!
大手出版社
オレたちでやろう!
おう!!

そして オレたちの つくった本は ヒットして いまの会社の礎を 築いたじゃないか
もしかすると この業績不振は
我々の 延長線上でいい」という ぬるま湯的な思考が 原因かもしれない
ザバァ～
……
なぁ、松浦
ここは 若い世代に 会社の未来を 託してみよう じゃないか
す
…………… そうだな…

翌日
専務？
いまなんて…
ざわっ
だから
あの例の
編集部が
営業をサポート
する件だけどな
君が
指示してくれ
私は一切
構わんから
あっ
ありがとう
ございます！
バッ
ばっ
よし！
がばっ

部長
んっ？
あっ
なにかいいことありましたね？
わかる？
ピッ
でも
まだ安心しないでくださいよ
最後の「士気のハードル」が残っていますよ
士気…
社員全員の士気を高めていこうって話か

よし！わかった
オレに何ができる？
ドン
じゃあ…
金魚鉢に入ってください！
!?
ずげっ
パッ
やだー
たとえですよ
これは「金魚鉢マネジメント」といって
今回のプロジェクトに一生懸命な営業部長の姿を社員全員が見てモチベーションを高めるっていうことなんです
部長

なんだ…
……じゃあ
毎朝全社ミーティングを行って
営業部長の一生懸命な姿を見せるか！
たのもしー！
…しかし…
士気だけで本当に大丈夫か？
えっと…
プロジェクトに貢献したスタッフが公平にしっかりと評価されれば
みんな一生懸命やってくれます
公平…
評価…
ピン！
フェアプロセス…！

わかった
貢献に応じて
ボーナスに反映して
ほしいって 社長に
相談してみるよ
お願いします！
よし！
なんかオレも
ワクワクしてきたぞ！
やるぞー
翌日から
全社ミーティングが始まり
毎朝プロジェクトの
進捗状況が報告されました

あわせて発表された
公正な評価と
それに基づく
ボーナスの反映に
社員は皆
歓喜の声をあげ
おおーーっ
よしっ いくぞ!!
はいっ
一丸となって営業に取り組みました
ぜったい オススメです!
ぜひ 目立つ場所に 置いて下さい!!
ペタ!!
P.O.P もっとハデにしたらいいか?
そうすねー
文字もっと大きくしましょう
予約数が増えてる!!

そして迎えた発売日
大本書店
OMOTO BOOKS
新刊おススメ!
Museum Guide
私たちがつくった
ガイドブックは順調に
売上を重ねました
こんな本見たことない!!
美術館ガイドブック
中田美術館
世間の評判の後押しを
得て見事100万部を
超えるベストセラーと
なったのです
わあっ
カキカキ
目標

戦略を成功へと導く ティッピング・ポイント・リーダーシップ

01

組織面の4つのハードル

いくら素晴らしい戦略が策定できたとしても、それが忠実に実行に移されなければ、成果があがることはありません。特にブルー・オーシャン戦略のような新たな試みでは、組織の抵抗は避けられないでしょう。

通常、ブルー・オーシャン戦略を成功に導くためにはさまざまなハードルを乗り越えていかなければなりません。

これらのハードルを乗り越えていくのは決して容易ではありません。ですから、従来の考え方では、かなり時間をかけて一つひとつのハードルをクリアしていたのです。

ただ、ブルー・オーシャン戦略では、そのような従来の常識にとらわれた解決法ではなく、**短期間で一気に組織のハードルを乗り越え、ビジネスを成功へと導いていきます**。その際に活用されるのが**「ティッピング・ポイント・リーダーシップ」**と呼ばれる手法です。

「ティッピング・ポイント・リーダーシップ」では、特に影響力の大きな要因にのみ着目して、新たな活動を組織内に短期間で普及させていきます。「どの要因が現状を打開するために重要な鍵を握るのか?」、「自社の保有する経営資源から最大限の成功を引き出すにはどうすればいいか?」、「社内で政治的な駆け引きを封じ込めるにはどうすればいいか?」、「社内の士気を高めるためには何が有効か?」など重要なことのみにフォーカスして、短期間で、しかも少ないコストで数々のハードルを乗り越えていくのです。

ブルー・オーシャン戦略において、リーダーが乗り越えなければならない組織内のハードルとして下の4つが挙げられます。

図29 戦略の成功を阻む組織内の4つのハードル

①意識のハードル	③政治的なハードル
②経営資源のハードル	④士気のハードル

意識のハードルを乗り越える

02

⇩社員の意識に革命を起こす

はじめに変革を起こさなければならないのが、社員の意識面です。

新たなことに取り組む際には必ず「いまのままで十分なのに、新しいことをわざわざ始める必要があるのか?」と反発する社員が現れます。ブルー・オーシャン戦略は、ほんの一握りのメンバーで成し遂げられるものではありません。全社員が一丸となって取り組まなければ成功はおぼつかないのです。

だからこそ、新たな取り組みに反発する社員の意識を変えていく必要があります。

たとえば、マンガの中でいよいよ新たなガイドブックの発売が近づいてきても、営業担当者はこれまでとあまり変わらない活動しか行っておらず、なかなか事前予約数という成果に結び付いていませんでした。

中には、「自分が一生懸命がんばったところで何も変わらない」と半ば諦めの気持ちで仕事に取り組んでいるメンバーもいるかもしれません。このようなメンバーの意識のハードルを乗り越えなければ、ブルー・オーシャンを切り拓くことなど到底できっこありません。

マンガの中では、営業部長の亮がリーダーシップを発揮して、毎日営業ミーティングで発破をかけることによって、意識のハードルを乗り越えることに成功しました。

⇩危機感を共有する

やはり、短期間で意識改革を実現するためには、**「変わらなければ企業の存続自体が危ぶまれる」という危機的な状況を実際に体験してもらう**ことが効果的です。たとえば、悲惨な生産現場や顧客からの苦情がひっきりなしに寄せられる販売現場など、変化に反対する社員に、実際に会社の直面している現実を体験してもらうことにより、変化の必要性を強く認識させることができるのです。

マンガの中で、亮が愛に営業現場を見せたのも、こうした意図によるものでしょう。

会社が置かれている状況を認識することで、「自分たちでなんとかしなければいけない」という真の当事者意識が育まれるのです。

経営資源のハードルを乗り越える

03

経営資源の制約をどう乗り越えるか

ブルー・オーシャン戦略を実行に移す時、続いて襲ってくるのは、経営資源のハードルでしょう。経営資源を無限にもつことはできませんし、規模の小さい企業ほど、経営資源の制約は大きな悩みとなるのです。

経営資源の中でも、特に〝ヒト〟の問題は深刻です。

たとえば、マンガの中でも営業に力を入れ出した途端に人員不足に悩まされるようになりました。

経営資源を3つに分類する

このような経営資源のハードルは3つの視点をもつことで乗り越えていくことができます。

それは、**「重点領域」、「非重点領域」、「資源交換領域」を見極め、現状の経営資源を効率的に活用していく**方法です。

まずは非重点領域を見極められれば、そこから経営資源を引き上げ、重点領域に投入していきます。加えて、資源の交換で経営資源の不足を補うことができれば、経営資源のハードルを克服して、経営資源を増やすことなく飛躍的な業績の向上を実現することができるようになるのです。

実際に赤松出版では、営業担当者が不足した際に、編集部員の助けを借りて経営資源のハードルを乗り越えることになります。新発売のガイドブックが売れないと会社の存続が危ぶまれる中で、重点領域はやはり営業であり、いったん編集を非重点領域と定め、人的資源を移動させることにより、見事経営資源のハードルを乗り越えることができたのです。

図30 経営資源のハードルを乗り越える3つの視点

重点領域	少ない経営資源で業績が飛躍的に向上する可能性のある活動
非重点領域	多くの経営資源を投入しても、業績の向上にはあまりつながらない活動
資源交換領域	部門間でそれぞれ余剰となっている経営資源を交換して、不足する経営資源を補う活動

04

政治的なハードルを乗り越える

守護神に頼って大敵を黙らせる

ブルー・オーシャン戦略が新たな取り組みであればあるほど、既得権益を守ろうとする保守層の抵抗にあって、活動が進まないことは多々あるでしょう。ただ、ブルー・オーシャン戦略を成功に導くためには、こうした政治的なハードルを乗り越えていかなければなりません。

マンガの中でも、最古参の松浦専務は、愛や亮が提案したガイドブックには反対で、実行段階でも非協力的でした。

このような政治的なハードルを克服するためには、**「守護神に頼って大敵を黙らせ、経営陣にアドバイザーになってもらうこと」**が効果的です。

ブルー・オーシャン戦略を推進していくにあたって、戦略の成功で最もメリットを得る、頼もしい「守護神」を見極めていきます。

一方で、新たな試みで自身のポジションが危うくなるなど、ブルー・オーシャン戦略の導入に反対する「大敵」は誰なのかも特定しておきます。

大敵に対してひとりで戦うのではなく、守護神を味方につけて共に戦っていくのです。そうすれば、勝利を収める可能性が飛躍的に高まるでしょう。

さらに、最初から「敵と戦う」という対立の姿勢ではなく、新たな試みで不利益が生じる大敵にもなんらかのメリットを提供できるように心がければ、戦うことなしに味方に引き入れることもできるはずです。

⇩トップの後ろ盾を得る

また、ブルー・オーシャン戦略を主導する者が経営トップではない場合、つまり、自分よりも上に多くの権力者が存在するような場合は、経営陣にアドバイザーになってもらうことで後ろ盾を得る方法が、政治的なハードルを乗り越えていくために効果的です。

自分よりも権力をもつ者が、力のないものに服従することはありません。しかし、組織のトップの後ろ盾があれば、従わざるを得ないのです。

実際にマンガの中でも、奮闘する亮や愛に対して否定的な松浦専務を心変わりさせるために、唯一専務よりも立場が上の社長が説得することで、最終的に専務の協力を得ることができました。

新たな試みが成功しなければ、会社自体がなくなってしまうという話を聞いたからには、内部で対立している場合ではなく、全社員が一丸となって差し迫った危機を乗り越えなければいけないという意識が専務の中に生まれたのでしょう。

その結果、政治的なハードルがなくなったのです。

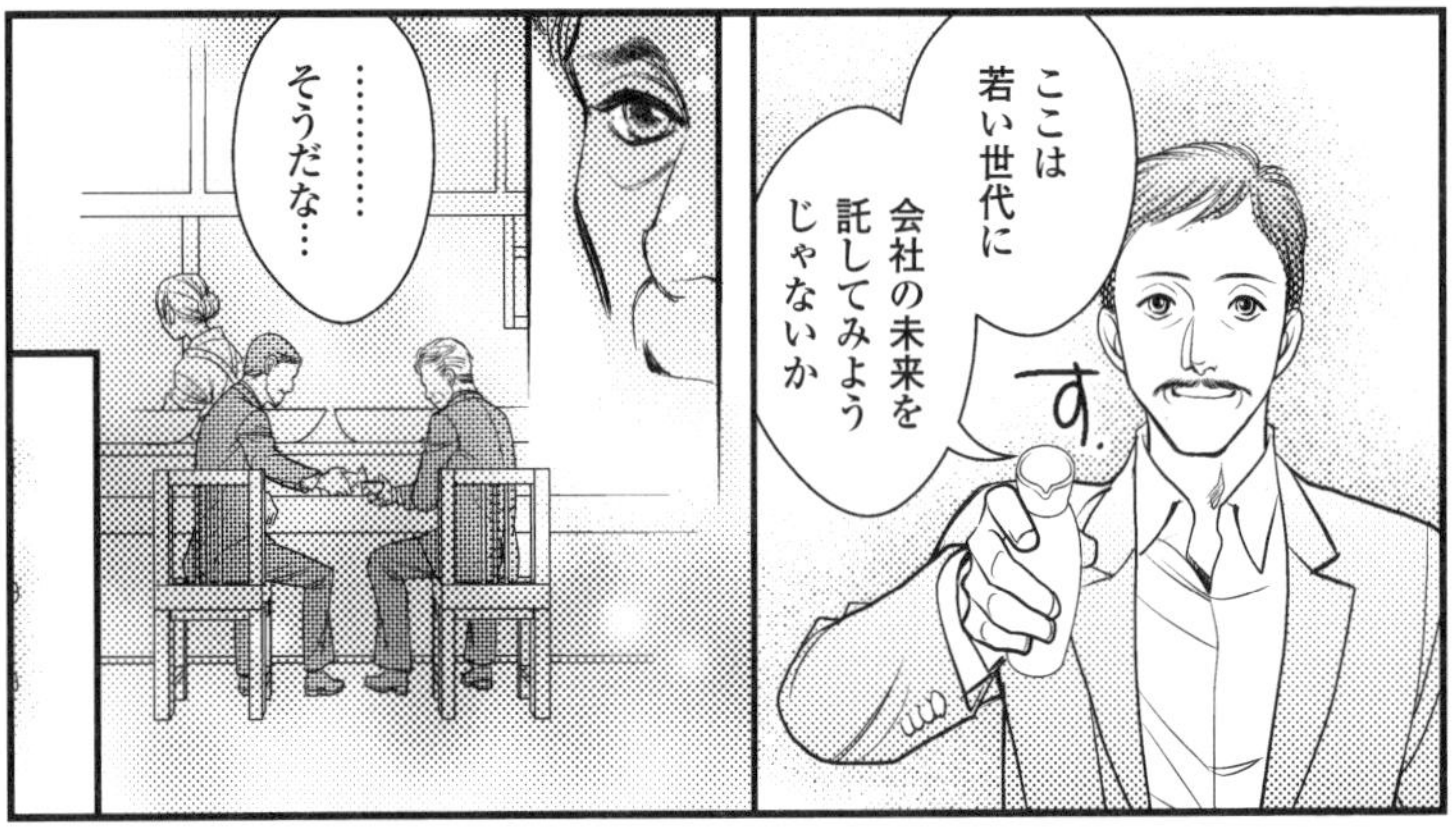

立場・役割をうまく活用することで内部の対立を乗り越えることができる

士気のハードルを乗り越える

05

短期間で士気を高めるマネジメント手法とは

新たな挑戦で数々の困難が襲ってくるブルー・オーシャン戦略を実行に移す際に、全社員の士気を高めることは欠かすことができません。ただ、全社員の士気を短期間で高めるのは至難の業といっても過言ではないでしょう。

一般的に全社員の士気を高めるために、経営者は壮大なビジョンを組織に浸透させるなど、相応の時間をかけていきます。

一方、ブルー・オーシャン戦略では、**短期間で特定の分野に集中することで全社員の士気を高めていく**のです。

特に重要となる考え方に**「中心人物」**、**「金魚鉢のマネジメント」**、**「細分化」**の3つがあります。

短期間で社員の士気を上げるためには、まずは大きな影響力をもつ「中心人物」を特定し、その人物に集中的に働きかけていきます。

マンガの中では、営業部長である亮を「中心人物」に選び、その意識を植え付けていきました。

そして、中心人物から賛同を得られれば、続いてその中心人物を「金魚鉢」の中に入れていきます。つまり、金魚鉢の金魚のように、中心人物の行動が誰にでも見えるような目立つしくみをつくり、くり返し社員たちにブルー・オーシャン戦略の重要性を伝えていくのです。

これが**「金魚鉢のマネジメント」**と呼ばれている手法になります。

影響力の大きい中心人物が新たな試みに対して意欲を燃やしている様子が多くの社員に伝わり、結果として短期間で士気を高めていくことにつながっていきます。

また、目標の細分化も士気を高めるうえで非常に効果を発揮します。壮大な目標を掲げるだけでは、「そんなことが本当に実現できるのだろうか?」と多くの社員が疑心暗鬼となり、本気でブルー・オーシャン戦略に取り組むことはできないでしょう。

一方、目標を細分化することで、一つひとつの目標は少し努力すれば達成可能となり、目標を達成する経験を積み重ねることで、社員のモチベーションを高めていけるのです。

自発的な行動を促すフェアプロセスをつくる

06

公正なプロセスをつくり出す

ブルー・オーシャン戦略を成功させるためには組織的なハードルを乗り越えることも重要ですが、最終的に社員一人ひとりがブルー・オーシャン戦略の考え方に共鳴し、企業の方針を信頼して自ら積極的に自分の役割を果たすことも重要になります。この理想を実現するためには、戦略を立てる段階から社員一人ひとりの自発的な行動を促すしくみが必要となってきます。

それが**「公正なプロセス（フェアプロセス）」**と呼ばれるものです。

公正なプロセスとは、どんな社員でも平等に扱われるしくみであり、このしくみがうまく機能すれば、社員は自ら献身的にブルー・オーシャン戦略の実現に尽力するようになるのです。

⇩3つの〝E〟で公正なプロセスをつくり出す

公正なプロセスを実現するためには、次の「**3つのE**」が重要な鍵を握ります。

これら3つのEをとおして、社内の隅々まで公正なプロセスを行き渡らせることができれば、社員のモチベーションを高め、最大限の能力を引き出すことが可能になるのです。

たとえば、マンガの中では、やればやった分だけ正当に評価され、それがボーナスという金銭的報酬に反映されることを社員に周知徹底することにより、全社員のやる気を引き出し、短期間で高い目標を達成することができました。

このように当初から成功のあるべき姿をありありとイメージし、誰もが公正に評価されるしくみを整備しておくことによって、ブルー・オーシャン戦略の成功確率を高めることができるでしょう。

図31 公正なプロセスをつくりだす3つのE

Engagement（関与）	これから取り組む新たな試みに意見を求めたり、アイデアに反論する機会を与えるなど、すべての社員に対して平等にブルー・オーシャン戦略にかかわる機会を提供する
Explanation（説明）	一般的な企業の戦略策定（トップダウン：トップが戦略を決定し、現場の者はトップダウンで下りてきた戦略を実行するだけ）とは異なり、戦略の策定理由を関係者に説明し、全員の納得を目指す 命令ではなく、双方向のコミュニケーションによって行動の理由を決めることで、社員一人ひとりに納得して実行してもらう
clarity of Expectation（明快な期待内容）	ブルー・オーシャン戦略を成功に導くためにどのような役割を期待しているのかを明確に伝える 社員一人ひとりの役割が明確になることにより、目標を達成すればどのような報酬を手にすることができるのか、逆に自分の役割を全うできなければどのようなペナルティを受けなければならないのかを自覚して、全精力を自身の仕事に傾けられるようになる

Epilogue
広大な青い海に向けて
……
フゥ
わずか
これだけの期間で
よくがんばりましたね
にこっ
パサ

ここまで業績が回復すれば融資の継続も問題ないでしょう
早速帰って審査部に報告しておきます
す.
では…
パタン
ガッ
やったな!
はい!!

自家焙煎珈琲
Grand Bleu
…というわけで
会社は危機を乗り越えられたんですよ！
ブルー・オーシャン戦略が成功したんです！
それはよかった！
これも純さんが相談に乗ってくれたおかげです
このお礼はいつかきっとします！
お礼だなんて…
そうだ じゃあ今度は僕の相談に乗ってくれる？
もちろんです！

じゃあ…
僕とデートしてくれないかな？
…はい！
一緒に真っ青な海を見に行きたいです

おわりに

さて、ビジネススクールを卒業して間もない主人公が、厳しい競争で窮地に陥った企業を救うストーリーはいかがだったでしょうか?

もしかすると、いまこの瞬間も多くの企業が激しい競争にさらされ、赤松出版のようにギリギリのところで経営をしているかもしれません。もちろん、競争に勝ち抜くという気概も重要ですが、近視眼的に直接のライバルとの争いに目を向けるだけでは、いつまで経っても不安定な経営から抜け出すことはできないでしょう。

外に目を向ければ、まだライバルに開拓されていない広大な市場はたしかにあるのです。しかしこれまで、広大な未開の市場の切り拓き方は、体系化されていませんでした。フロンティア・スピリッツをもった企業が、果敢に未開の市場に挑戦し、数々の失敗をくり返しながら、やっとのことで成功を収めてきたのです。

しかし、いまではINSEADのキム教授とモボルニュ教授による長年にわたる調査、分析の結果、ブルー・オーシャン戦略という体系化された理論が生み出されました。この戦略理論を学び、身につけることによって、さまざまな失敗を経て成功にたどり着いた企業のような苦労をすることなく、ブルー・オーシャンを切り拓くことができるようになったのです。

もちろん、ブルー・オーシャン戦略は万能のものではありませんが、ひとつのオプションとして知っておくことで、経営戦略の幅が大きく広がるでしょう。

本書では、ブルー・オーシャン戦略のすべてを伝えきれたわけではありません。興味をもたれた方は、キム教授とモボルニュ教授が著した原著を紐解いてもらいたいと思います。また、INSEADでキム教授とモボルニュ教授に直接師事し、日本におけるブルー・オーシャン戦略の第一人者である安部義彦先生もブルー・オーシャン戦略に関する書籍を執筆されていますので、あわせてそちらもお読みになると、ブルー・オーシャン戦略への理解が深まることは間違いありません。

それでは、本書をきっかけに、ひとりでも多くの方が、競争のない市場を切り拓くブルー・オーシャン戦略をマスターし、不毛な競争に巻き込まれることなく、ビジネスを展開できるようになることを心から願って、最後の挨拶とさせていただきます。

2016年9月

安部徹也

【著者プロフィール】
安部 徹也（あべ　てつや）
株式会社MBA Solution代表取締役。1990年九州大学経済学部経営学科卒業後、太陽神戸三井銀行（現、三井住友銀行）に入行。銀行退職後に渡米し、インターナショナルビジネス分野で全米No.1のビジネススクールThunderbirdにてGlobal MBAを取得する。成績優秀者のみが入会を許可されるMBAホルダーの組織βΓΣ(ベータ・ガンマ・シグマ)会員。ビジネススクール卒業後は経営コンサルティング、およびビジネス教育を主業とするMBA Solutionを設立し代表取締役に就任。主宰する「ビジネスパーソン最強化プロジェクト」ではインターネットを通しておよそ2万5千人のビジネスパーソンがMBA理論を学ぶ。テレビや新聞、ラジオ、雑誌など、多くのマスメディアで企業の戦略を解説するなど出演多数。
著書に、『マンガでやさしくわかるコトラー』（日本能率協会マネジメントセンター）、『MBA戦略思考の教科書』（かんき出版）などがある。

編集協力／MICHE Company. LLC
マンガ原作／松尾 陽子
カバーイラスト・作画／柾 朱鷺

マンガでやさしくわかる
ブルー・オーシャン戦略

2016年9月30日　　初版第1刷発行

著　者――安部 徹也

発行者――長谷川 隆
発行所――日本能率協会マネジメントセンター
〒103-6009 東京都中央区日本橋2-7-1 東京日本橋タワー
TEL 03（6362）4339（編集）／03（6362）4558（販売）
FAX 03（3272）8128（編集）／03（3272）8127（販売）
http://www.jmam.co.jp/

装丁／本文デザイン――ホリウチミホ（ニクスインク）
印刷・製本――三松堂株式会社

ISBN 978-4-8207-1951-9　C2034
落丁・乱丁はおとりかえします。
PRINTED IN JAPAN